1그램 독서법

하루 10분 가볍게 시작하는 독서 루틴 만들기

1그램 독서법

박세영 지음

프롬북스
frombooks

가볍게 책을 권합니다

어쩌다가 내가 여기까지 온 걸까. 평생 공무원으로만 살아갈 줄 알았던 내가 작가라고? 심지어 책 한 권 읽지 않던 사람이 독서를 권하는 책을 쓰다니, 분명 내 인생에 중대한 오류가 있었을 거다. 나를 이상하게 만든 건 무엇이었을까.

본격적으로 책을 읽기 시작한 건 4년 전. 아니, 좀 더 거슬러 올라가보자. 초등학생 시절 토요일 오후, 여느 때와 같이 엄마와 함께 텔레비전을 보고 있었다. 화면에는 유재석 아저씨가 길거리에서 『아홉살 인생』이란 책을 들고 이야기하고 있다.

가벼운 기억이다. 너무 오래돼서 날아갈 것만 같은 작은 조각이다. 그럼에도 지금까지 나에게 가볍지 않은 변화를 주고 있었다.

1분 정도였던 것 같다. 진행자가 시간을 재기 시작하자 한 출연자가 책장에 꽂혀 있는 책들을 후다닥 챙기기 시작한다. 책을 보면 알레르기 반응처럼 거부감이 들던 나였지만 그때만큼은 마음이 조마조마했다. 아주머니가 실수하지 않고 책을 많이 가져갔으면. 책 사이에 꽂힌 행운의 황금카드를 발견했으면.

하지만 공감하지는 못했다. 어른들은 뭐가 그렇게 좋다고 헐레벌떡 책을 담는 걸까. 어릴 때부터 책을 좋아했던 누나와는 달리 어떻게든 부모님의 시선을 피해 다녔던 나에게는 이해하기 어려운 일이었다. 책이 그렇게 재밌을까. 주말 오후에 같은 방송을 보고 나서도 나는 곧장 게임을 하러 갔지 책을 읽었던 적은 단 한 번도 없었다. 그리고 20여 년이 지난 지금 나는 유재석 아저씨에게, 그리고 그때 들뜬 마음으로 책을 담았던 어른들께 감사의 마음을 가진다.

운이 좋았다. 엄마 따라 텔레비전을 보던 그 시절과 맞물려 〈책책책 책을 읽읍시다〉란 방송이 나왔다는 사실이. 방송에 나오던 어른들이 설레는 마음으로 책을 가져가는 모습을 볼 수 있었던 사실이. 책 읽는 어른들 덕분에 마음 한구석에 책이라는 단어가 자리를 잡았다. 책은 어른들이 갖고 싶어 하는 물건이구나. 어쩌면 책은 내 생각보다 매력적일 수 있겠구나. 텔레비전을 끄자마자 게임을 하러 달려 나갔든 책을 읽었든 상관없다. '책이 좋다'라는 마음이 가볍게 남았으면 그걸로 충분했다.

9년차 초등교사, 네 살 딸아이를 둔 아빠로 돌아온다. 매일 아이들과 부대끼며 사는 어른이 되었다. 어른의 시선으로 지금을 본다. 오늘도 어김없다. 햄버거 하나로 간단히 끼니를 해결하고 돌아오는 길에 횡단보도를 건너는 한 아이를 보았다. 한 손은 킥보드 손잡이에, 다른 한손은 스마트폰, 시선은 아래에 있는 화면으로. '위험하지!'라는 생각 다음에 또 다른 생각이 들어온다. '안타깝다.' 그래도 나는 어른들이 책을 권해주었는데. 책은 좋은 것이라고 얘기해주었는데.

그렇다고 우리 어른들의 잘못은 아니다. 책이 좋다는 걸 왜 모르겠는가. 누구는 책을 읽고 싶지 않아서 읽지 않겠는가. 다들 알고 있다. 독서가 좋다는 것을. 언젠가는 책을 읽겠다는 마음만은 항상 품고 다닌다. 다만, 현실이 녹록지 않다. 인플레이션이니 뭐니는 둘째고 당장 퇴근만 하면 몸이 녹초가 된다. 집에서만큼은 편하게 쉬어야지. 아니, 쉬는 게 뭐야. 저녁 차려야지, 설거지 해야지, 미리미리 가족 행사도 챙겨야지, 하루를 무탈하게 보내는 것만으로도 힘든데 책까지 읽어야 하는 건 너무 가혹하기도 하다.

누군가 당신에게 말한다. "책 읽으면 얼마나 재밌는데. 왜 안 읽는 거예요?" 당신도 아들에게 말한다. "아들, 스마트폰 좀 그만하고 책 좀 읽어라. 왜 안 읽는 거야?" 영화 〈이상한 나라의 수학자〉에는 이런 말이 나온다. "틀린 질문에서는 옳은 답이 나올 수 없다." 당신이 책을 읽지 못했던 건, 아들이 책을 읽지 않았던 건 당신이 틀렸거나 아들이 틀려서가 아니다. 질문이 틀렸다. 왜가 아닌 어떻게로 바꾸기만 하면 됐다.

"왜 책을 안 읽어요?"라고 잘못을 묻는 책이 아니라 "어떻게 하면 책을 읽을 수 있을까요?"라는 고민에 대한 이야기를 하는 책을 쓰고 싶었다. "성인 독서율 역대 최저"라며 세태를 비판하는 글이 아니라 날이 갈수록 어른들의 독서량이 늘어가도록 에너지를 주는 글. 아이에게 스마트폰 좀 그만하라고 말하는 어른이 아니라 스마트폰을 내려놓고 책을 읽는 어른을 위한 책을 쓰고 싶었다.

독서가 어떻게 당신의 일상이 될 수 있을지 구체적인 방법들을 담았다. 세 가지 방법을 제안한다. 습관, 시스템, 기록. 2장에서는 습관이 만들어지는 원리를 바탕으로 다섯 가지 법칙을 제시하며, 3장에서는 독서 습관을 어떻게 하면 오랫동안 유지할 수 있는지에 대한 방법으로 독서 시스템을 안내한다. 4장에서는 일상으로 다가온 독서가 어떻게 나만의 무기가 될 수 있는지 기록법을 소개한다. 시작과 끝인 1장과 5장에서는 이제껏 우리가 왜 독서를 힘들어했는지에 대한 이유와 함께 독서가 가져다주는 인생의 변화에 대해서 나눠보려고 한다.

미리 말하지만, 독서로 연봉 10억을 벌거나 인생 역전을 일군 사람이 쓴 비범한 책은 아니다. 낮에는 평범한 공무원이면서 저녁에는 네 살 딸아이와 노는 평범한 아빠의 이야기다. 그렇기에 독자에게 더 가까이 다가갈 수 있으리라. 평생 책만 보면 졸기만 했던 내가 어떻게 독서를 일상으로 만들었는지, 가볍게 시작한 독서가 어떻게 인생을 조금씩 바꿔주었는지, 그리고 어떻게 책까지 쓰게 되었는지, 나의 독서 인생을 이 책에 담았다.

가벼운 사람이 쓴 가벼운 책을 기꺼이 읽어주어 고맙다. 책을 읽는 내내 당신의 마음이 가벼워지기를, 그리고 그속에서 가볍지만은 않은 변화가 일어나기를 진심으로 바란다.

차
례

1장

책은 무거울 필요가
없습니다

평범했던 직장인이
매일 책을 읽기 시작했습니다

시작

사춘기가 왔다. 나이 서른다섯에 무슨 사춘기 타령인가. 인중이 거무튀튀한 아저씨에게 2차 성징이 올 리는 없고. 사춘기를 한자로 풀이하면 생각 사思에 봄 춘春이다. 생각에 봄이 오는 시기. 머리털은 이미 가을을 준비하듯 가늘어지고 있지만, 생각만큼은 반대다. 이제야 봄이 온 듯 새순이 돋고 있다.

부모님 증언에 따르면 10대의 나에게 사춘기는 없었다. 말썽 없이 공부도 꽤나 열심히 하던 아이였다. 말 그대로 착한 모범생. 좋게 포장하니까 착한 거지, 나쁘게 말하면 내 생각이 없었던 거다. 어른들이 왼쪽으로 가라고 하면 왼쪽으로만 갔다. 오른쪽은 쳐다보지 않았다. 공부하라 해서 공부했고, 공무원이 좋다 해서 공무원을 꿈꿨다.

생각에 봄이 오지 않았다. 부모님의 바람대로 자란 아들이었고, 12년 교육 제도가 만들어낸 학생이었다. 시간이 흘러 어른이 되었지만 정작 내 인생에 내가 없었다. 남들이 만들어놓은 모습을 진짜 나의 모습인 줄 알고 살아가고 있었다. 내가 그렇게 살고 있다는 사실조차도 의식하지 못한 채 말이다.

생각이 깨어나기 시작했던 건 4년 전이었다. 대장암 수술을 받으신 아버지께서 서울대병원에 열흘 정도 입원해야 했다. 매일 아버지를 간호하시던 어머니를 대신하여 아버지의 보호자가 되었다. 병원에서는 딱히 할 수 있는 것도 없었고 할 만한 것도 없었다. '이참에 책 한번 읽어보지 뭐'라는 가벼운 마음으로 책 한 권을 챙겼다.

병원이라 그런지 저녁 아홉 시밖에 안됐는데도 사방이 어두웠다. 아버지가 잠든 걸 확인하고 주섬주섬 책을 꺼냈다. 엠제이 드마코의 『부의 추월차선』. 다들 좋다기에 한번 읽어보자는 마음으로 가져왔다. 성공이었다. 병실 안은 도서관 못지않았다. 주변은 조용하고 어둡지, 할 일은 없지. 좁은 보호자 침대에 덩그러니 앉아 한장 한장 읽기 시작했다.

처음 경험했다. '책을 읽는데 이렇게 떨리고 흥분된다고?' 책을 읽는 내내 감정이 고조됐다. 머리를 한 대 맞은 느낌이었다. 여태까지 믿고 따랐던 어른들의 말이 틀릴 수도 있다는 생각에, 서른이 될 때까지 이를 모르고 살았다는 사실에, 그리고 기필코 성공하겠다는 욕망에 가슴이 두근거렸다. 무미건조하게 생긴 글자가 사람 마음을 뒤흔들 수도 있다는 걸 그때 처음 알았다.

또 다른 길

30대에도 백만장자가 될 수 있다는 작가의 스토리 정도만 기억에 남았다. 집에 돌아와 핵심 내용을 노트에 정리했지만 지금은 거의 기억나지 않는다. 남은 건 쪼가리 감정 정도다. 나도 언젠가 성공하겠다는 열망. 독서가 어쩌면 또 다른 인생을 만들어줄 수도 있겠다는 대강의 기대. 별로 중요하지 않을 정도의 아주 작은 양, 1그램. 그 정도면 인생이 달라지기에 충분했다.

세상을 새롭게 보기 시작했다. 2차원 세계에 사는 존재는 3차원을 볼 수도, 인식할 수도 없다고 한다. 마찬가지로 우리가 사는 3차원에서는 4차원의 시간을 눈으로 볼 수 없다. 영화 〈인터스텔라〉에서 주인공 쿠퍼가 블랙홀 속 다른 공간에서 책장을 통해 시간을 전달하는 장면처럼, 책은 나에게 여태껏 알고 지냈던 세계가 전부가 아니었음을, 그리고 또 다른 세계가 있다는 걸 진동으로 알려주었다.

이제 막 책을 읽기 시작했을 때는 몇 년 뒤 내가 책을 쓰고, 세상에 독서의 가치를 알리는 일을 하게 될 것이라고는 전혀 예상하지 못했다. 책은 세상을 바라보는 수준을 한 차원 올려주었다. 책을 읽지 않았다면 나는 여전히 작은 세계에 갇혀 평생을 살았을지도 모른다. 2차원에 사는 존재는 사과가 구처럼 생겼다는 사실을 모른 채 한쪽 면만 바라보며 살아가는 것처럼 말이다.

엄청난 비책을 알게 되었다기보다 이제 막 현관문이 열렸을 뿐이다. 30년 동안 걸어왔던 이 길이 세상에 존재하는 유일한 길이 아닐 수 있다고 책은 내게 말을 걸었다. 저쪽에도 길이 있고, 다른 문이 열려 있다고. 그리고 그 길로 걸어가도 괜찮다고 등을 떠밀어주었다.

하루 10분이라도 읽으려 했다. 사실 10권, 20권을 읽어도 당장 눈에 띄는 변화는 없었다. 여전히 나는 출근하는 직장인이었고, 아직도 뭘 해야 하는지 모르는 건 예전과 같았다. 그럼에도 내가 책을 계속 읽었던 이유는 뭘까. 그냥 네가 좋아하는 일을 하면서 살아도 된다는 말 한마디, 너도 충분히 성공할 수 있다는 말 한마디를 듣고 싶었던 것 같다. 나에게 다른 인생을 살아가도 괜찮다고 말을 건네준 존재는 책이 유일했다. 처음으로 나답게 살아가는 게 뭔지 이야기를 나누었던 존재.

부모님도, 선생님도, 어느 누구의 잘못도 아니었다. 그들은 언제나 나에게 이렇게 말해주었다. "학생이면 공부만 열심히 하면 된단다. 안 그러면 더울 때 더운 데서 일하고 추울 때 추운 데서 일해야 해." "요즘 다들 힘들잖아. 너도 꾹 참고 견뎌야 해." 틀린 말은 아니다. 그러나 나는 맞는 말을 듣고 싶었던 게 아니라 나를 응원하는 말을 듣고 싶었다.

이게 다 책 때문이다

밤 11시 42분. 아내도 딸도 잠든 시간, 부엌 식탁으로 간다. 온 사방이 캄캄한 가운데 노트북을 켠다.

5년 전, 책을 읽기 전의 나와 지금의 나 사이에는 건널 수 없는 강이 흐른다. 예전에는 무슨 생각을 했을까 돌아가고 싶어도 다시는 돌아갈 수 없다. 5년 전의 나와 지금의 나는 생각, 행동 그리고 인생의 가치관까지 다르다. 〈인터스텔라〉에서 책장을 두고 같은 두 인물이 서로 만날 수 없었던 것처럼 책을 읽기 전과 지금의 나는 서로 다른 세계에 살아간다.

책을 계속 읽다 보니 나를 둘러싸고 있던 껍질을 하나씩 벗겨

낼 수 있었다. 지금까지 알고 지내던 나의 모습이 사실은 남이 만들어 놓은 껍데기였음을 깨달았다. 껍데기는 한 번에 사라지지 않았다. 매일 조금씩 읽다 보니 있는 그대로의 내 모습을 알아보았고, 응원할 수 있었다.

'독서가 쓸모 있긴 할까?' 본격적으로 독서를 시작하면서, 아니 100권, 200권을 읽어도 독서에 의심이 든다. 책을 읽는다고 당장 돈이 생기는 것도 아니고, 인생이 하루아침에 바뀌는 것도 아니며, 지금 당장 먹고 살기도 바쁜데 독서가 밥 먹여주냐는 생각이 절로 떠오른다.

니체는 말한다. "자신에게 명령할 힘이 없는 사람일수록 자신을 대신해 명령해줄 사람을 찾는다." 책을 읽기 전까지 나는 남들이 명령한 대로 따라갔다. 왜 공부를 해야 하는지도 모른 채 수리영역 등급을 하나라도 더 올리려 노력했다. 교육대학교에 입학하는 순간, 나는 평생 공무원으로 살아가야 하는 것을 당연하게 생각했다. 그렇게 남들이 하라는 대로 하루하루를 채워나갔다.

평범한 직장인이 이제 다소 다른 길을 걷고 있다. 65세 정년 퇴직을 바라보며 하루를 채워나가지 않고 책을 쓰는 작가가 될 수 있다는 설렘을 가지며 하루를 채워나가고 있다. 온순했던 아들이 평생 책을 읽으며 살아가겠다는 다소 엉뚱한 생각을 하면서 독서의 가치를 널리 알리겠다는 포부를 가지고 살아가고 있다.

이게 다 책 때문이다. 초등교사가 배부른 소리를 한다는 말을 들으면서까지 매일 책을 읽고 작가가 되려는 이유도 다 책 때문이다. 어머니 말씀, 선생님 말씀이면 곧이곧대로 듣던 착한 아이가 이 지경까지 온 이유도 다 책 때문이다. 책 한 권 때문이고, 독서를 하는 매순간 때문이다. 무거운 진리를 알지 못해도, 어려운 책을 읽지 않아도 가벼운 것들이 내게 쌓이고 있었다. 그리고 결코 가볍지 않은 변화를 만들어내고 있다.

남들 다 오는 사춘기 한번 오지 않았던 아들을 두고 칭찬하던 부모님께 괜스레 죄송하다. 서른 중반이 되어서야 진짜 사춘기를 보내고 있다. 전에는 생각하지 못했던 생각을 하고 지낸다. 어쩌면 나는 더 많은 사람에게 가치를 줄 수 있는 사람 아닐까 하는 생각. 어쩌면 나는 더 넓은 세상을 누비며 살아갈 수 있는 사람 아닐까 하는 생각. 질풍노도의 시기를 제대로 겪고 있다.

나를 움직인 건 사실 거창한 각오가 아니었다. 단지 병실에서 '한번 읽어볼까?' 하고 꺼낸 책에 마음이 움직였을 뿐이다. 그렇게 시작한 가벼운 독서가 결과적으로 내 삶에 가장 큰 변화를 가져다주었다. 역시 발걸음이 가벼워야 오래 가고 멀리 간다는 걸 늦깎이 사춘기를 보내며 깨닫는다.

무겁게 읽으면,
책에도 체합니다

독서와 멀어지는 이유

"혹시, 책 읽다가 체한 건 아닐까요?"

우리는 언제 체할까. 제 능력보다 많이 먹을 때, 제 속도보다 빨리 먹을 때, 제 마음이 음식에 가 있지 않을 때 그렇다. 상견 례 자리에서 배부르게 먹을 수 있는 사람이 누가 있을까. 젓가 락으로 집은 고등어 한 점이 코로 들어가는지 입으로 들어가는 지는 중요치 않다. 긴장된 자리를 무사히 마치는 데 온통 마음 이 쏠린다. 음식 맛을 느끼는 건 고사하고 제대로 소화하기도 어렵다. 보통 이럴 때 우리는 체한다.

음식에만 체하는 게 아니다. 우리는 책에 체한지도 모른다. 어렸을 때부터 들어온 말이 있다. "책 좀 읽어라. 책이 얼마나 좋은데." 어른들은 독서가 최고라고 항상 말씀하셨다. 안 그래도 놀고 싶은 나이에 글자만 빼곡한 책을 들이미니 책에서 멀어질 수밖에 없었다. 마음은 저기 도서관 안쪽에 앉아 있는 여학생에게 가는데 자꾸만 종이 쪼가리를 보라고 한다. 왜 읽어야 하는지, 읽으면 뭐가 좋은지도 모르니 독서는 그저 짐이었다. 얼른 어른이 되면 떨쳐내고 싶은 무거운 존재였다.

아저씨가 되어서야 독서가 일상이 된 나는 우리가 왜 책에서 멀어졌는지 돌아봤다. 철학자 프랜시스 베이컨의 말로 표현해 보고자 한다. "책은 맛보아야 할 책과 삼켜야 할 책이 있다. 또, 약간이긴 하지만 잘 씹어서 소화해야 할 책도 있다." 정말 그렇다. 누구에게는 자기계발서가 입맛에 맞고 누구에게는 인문학이 제격이다. 또한 같은 책이어도 누구에게는 한 번 읽고 넘겨버릴 책이 되지만, 누군가에게는 다섯 번도 넘게 읽고 싶은 인생 책이 된다. 책을 맛보면 안다. 문제는 우리에게 독서의 맛을 느낄 기회가 없었던 거였다.

책을 읽으면 매번 독후감이 딸려왔다. 너무나 당연하게 받아들였던 이 순서는 우리를 책에서 더 멀어지게 만들었다. 이건 마치 떡볶이를 신나게 먹고 나왔는데 A4 한 장으로 떡볶이 맛을 요약하라는 것과 같은 말이다. 지금도 여전히 독서는 많은 사람에게 공부와 같은 단어다. "아들, 5학년부터는 역사가 중요하잖아. 이제부터 역사책 위주로 읽어야지." "요즘은 문해력이 입시를 결정한대. 책을 읽어야 문해력이 올라가지."

책은 그런 존재가 되었다. 무언가를 이루기 위해 억지로 해야 하는 것. 억지로 먹는 음식은 체하기 쉽듯 억지로 읽었던 책은 우리를 질리게 만들었다. 사실 책은 나에게 아무런 말을 건네지 않았다. '나 좀 읽어줘!'라고 강요하지 않았다. 물론 나도 책에게 아무런 인사도 건넬 수 없었다. 책은 독후감이었고, 문해력을 높여주는 도구였기에 별 흥미가 없었다. 그렇게 한마디도 못 나눈 채 책과 우리는 서로 어색한 사이가 되었다.

정독이 좋은가요? 속독이 좋은가요?

다행히 나는 다시 책과 친해졌다. 아, 정정한다. 처음으로 친해졌다. 기를 쓰고 책은 멀리했던 학창시절과는 완전히 다르다. 1년에 평균 60권 정도는 읽는다. 누군가는 지적한다. "1천권, 1만 권도 아니고 고작 1년에 60권을 읽는다고? 그런 사람이 독서에 대해 뭘 안다고."

예리하다. 틀린 말 하나 없는 통찰이다. 나는 책을 별로 읽지 않는다. 그러면서도 독서법에 대해서 얘기하고 있다. 그런 그에게 나는 당차게 답한다. "독서는 몇 권을 읽었는지가 중요하지 않아요. 아무리 조금 읽어도, 내용이 쉬운 책을 읽어도 최소한 책을 읽는다는 행위 자체는 변하지 않으니까요. 그리고 저는 독서에 엄격한 잣대를 휘두르는 이러한 말들을 물리치기 위해 지금 책을 쓰고 있거든요."

SNS를 보다 보면 비교하고 싶지 않아도 비교할 때가 있다. '나는 한 달에 한 권도 겨우 읽는데, 저 사람은 한 달에 열 권을 읽는다고?' 지금이야말로 책에 체하기 딱 좋은 순간이다. 사람마다 음식을 소화하는 능력이 다 다르다는 것쯤은 누구나 알고 있다. 타고난 몸의 체질에 따라, 체격에 따라 많이 먹거나 적게 먹는다. 그런데 유독 독서에는 엄격하다. 옆 아무개는 1년에 책을 100권이나 읽는다고 한다. 부러워한다. 옆 개똥이는 두꺼운 고전문학을 읽고 있다. 우러러본다.

조금만 너그러워지자. 누군가는 책을 빠르게 읽고, 어려운 책을 읽을 수 있는 소화 능력을 가졌다. 나에게는 그런 능력은 없지만 대신에 적게 읽더라도 천천히 맛을 음미하는 능력을 가졌다. 그 사람과 나는 '틀리다'가 아니라 '다르다'는 관점을 가져보자. 독서를 한다는 행동 하나만으로도 칭찬받아 마땅하다.

처음 질문으로 돌아가보자. 이번엔 반대로 물어본다. "당신은 언제 먹을 때 밥이 맛있나요?" 보통은 금요일 저녁 배달 온 치킨을 아내와 함께 마주 앉아 도란도란 이야기를 나누며 먹을 때,

어머니가 끓여준 냉이된장찌개를 밥 한 숟갈과 함께 먹을 때, 밥 한 끼가 다이어트나 운동을 하기 위한 수단이 아니라 먹는 행동 그 자체로 편안하게 음식을 대할 때 우리는 밥을 즐긴다.

"정독이 좋은가요? 속독이 좋은가요?" "인문학을 읽어야 진정한 독서가가 아닌가요?" 책을 읽으면서도 확신이 들지 않는다. 내가 제대로 읽고 있는 걸까? 조금 더 어려운 책을 읽어야 하지 않을까? 독서를 어디서 배워보지를 못했으니 어쩌면 당연한 질문이기도 하다.

독서법을 찾아 헤매고 있을 분들에게 명쾌한 답을 드리고 싶다.

『본능 독서』의 이태화 작가는 "책을 읽는 마음이 이 페이지에 있어야 합니다"라고 말했다. 아무리 빠르게 읽는다 한들 한장 한장에 마음이 없다면 책은 마음 깊숙이 들어오지 않는다. 독서는 단순히 글자를 읽는 행동이 아니다. 작가의 글과 독자의 마음이 같은 주파수로 연결이 될 때 비로소 진정 책을 읽었다고 볼 수 있다. 또한 '나만의 속도'를 찾는 독서가 가장 좋다. 내가 편하고 즐길 수 있는 방식으로 읽을 때 독서는 맛있게 다가온다.

독서에 대한 잘못된 마음 세 가지

그렇다고 지금 당신의 마음이 이 책, 페이지에 없다 해도 당신의 잘못은 아니다. 나의 부족한 글쓰기 역량 때문이다. 당신이 나를 건너뛰기 전에 얼른 화제를 돌린다. 독서에 대한 잘못된 마음 세 가지인데, 한 살이라도 어렸을 때 버리면 좋다.

첫 번째는 부담감이다. 독서를 마치 공부하듯 들입다 파는 경우다. 좋은 책이면, 유명한 책이면 1장부터 모든 내용을 외우려 달려든다. 다 읽은 뒤에는 목차를 보며 1장부터 5장까지 노트에 정리해야 직성이 풀린다. 물론, 힘들지 않다면 적극 추천한다. 작가의 지식 체계를 그대로 흡수하는 건 또 다른 뇌를 갖게 되는 것과 같기 때문이다. 다만 책을 정리하고 외우는 습관이 당신에게 부담이 된다면 빨리 떨쳐내야 한다. 책을 읽으면서도 '이걸 언제 다 정리하지'라는 마음이 든다면 큰일이다. 곧 독서 권태기가 온다는 신호이며, 까딱 잘못하면 독서와 헤어질 각오까지 해야 한다.

독서는 독서 자체로 성취감을 느껴야 한다. 20년, 30년 전을 잊지 말자. 독서가 독후감과 끈끈한 사이였을 때 우리는 손에서 독서를 놓았다. 어떻게 다시 만난 독서인데, 이제는 실수하지 말자.

두 번째는 압박감이다. 한 권을 읽기 시작하면 처음부터 끝까지 완독해야 한다는 생각에서 비롯된 마음이다. '이왕 시작했는데', '서점에서 돈 주고 산 책인데.' 지루해 죽겠는데 죽어도 못 놓겠단다. 어떻게 한번 읽은 책을 저버릴 수 있냐 하며 이상한 사명감에 사로잡힌다.

괜찮다. 사람이 아니다. 아니, 사람도 그렇게 나와 안 맞으면 놓아주는 게 맞다. 사람도 아닌 책인데, 놓아주어도 된다. 살포시 책장에 다시 넣어두자. 넷플릭스에서 드라마를 볼 때는 한두 편 보다가 나와 영 맞지 않으면 금방 그만두지 않나. 책이라고 특별한 존재는 아니다. 내 마음에 들지 않으면 그냥 놓아주면 되는 가벼운 존재다. 독서는 즐거움이 우선이다.

독서에도 관대한 마음을 갖자. 프롤로그부터 정성껏 들여다보지 않아도 작가는 뭐라 하지 않는다. 귀중한 시간을 내어줘 한 문장이라도 읽어주었는데, 감사할 따름이다. 과감하게 책의 중간 부분을 펼쳐 읽어도 되고, 문장 하나하나를 정성스레 읽어주지 않아도 된다. 기꺼이 내가 읽어주겠다는 마음으로 책을 펼쳐보자. 우리 집 거실에는 조금 읽다가 그만둔 책들이 수두룩하다. 그렇다고 죄책감은 갖지 않는다. 나와 인연이라면 언젠가는 다시 만나겠지라는 마음을 갖는다.

세 번째는 주변 눈치다. 한우A투플러스 정도는 먹어줘야 밥을 먹었다고 하는 사람이 세상에 어디 있겠는가. 일요일 점심에는 짜파게티로 간단히 먹는 게 좋고, 때로는 엘리베이터에서 우연히 만난 치킨의 향기 때문에 배달시켜 먹을 수도 있다. 내가 내 밥을 먹겠다는데 굳이 남 신경을 쓸 필요는 없지 않은가.

책도 그렇다. 내가 내 시간을 들여 책을 읽겠다는데 남 눈치를 볼 필요가 있을까. '『총균쇠』 정도는 읽어줘야 교양인이지'라는 시선에서 벗어나자. 결국 책 앞에서 우리가 체하는 이유는 지나친 욕심과 부담감 때문인지도 모른다. 속독이든 정독이든 자기 방식대로 가볍게 즐기면 되는 걸.

이 책을 펼쳐들고 있는 당신은 어떠한가. 독서가 무겁게 다가오는가, 아니면 '이 정도라면 나도 할 수 있겠는데?' 하고 가볍게 여겨지는가. 전자라면 얼마든지 덮어도 괜찮다. 책은 도망가지 않는다. 후자라면, 당신은 이미 가볍다 못해 독서가 일상이 되는 여정에 올라탄 것이나 다름없다.

최대 정지
마찰력

어르신이 남긴 인생 조언

헬스장에서 자주 마주치는 어르신이 계신다. 오늘은 걱정 어린 눈빛으로 다가와 물으신다. "몸 좀 괜찮아요?" 요 며칠 아이가 폐렴에 걸려 운동을 못 나왔는데, 어르신은 내가 아파서 못 나온 줄 알고 계셨나보다. 이어서 유산소. 등산이 심폐지구력을 기르는 데 최고라며 어르신은 엄지손가락까지 치켜세우신다. 나도 웃으며 대답했다. "좋은 건 아는데 막상 안 가게 되더라고요."

이어지는 어르신의 말씀은 녹음을 해두고 싶을 정도로 인상 깊었다. 연륜과 진심이 묻어나는 조언은 이 책의 핵심 메시지와도 같다.

어르신에게 감사의 인사를 드리자마자 메모장에 급히 옮겨 놓은 내용이다.

"작은 산부터 가봐요. 그러다 보면 근육도 붙고 호흡도 좋아집니다. 몇 번 다니면 산의 맛을 느끼게 되죠. 그러다 어느 날 큰 산 한번 가보세요. 정상에 올라 내려다보는 기분은 아무도 몰라요. 본인이 직접 느껴봐야 알죠. 그때 손을 허리에 두고 내려다보세요. 세상을 다 가진 기분이에요. 힘이 짝짝 붙습니다."

말씀이 끝나는 동시에 당신의 종아리를 보여주신다. 60대라고 믿기 어려울 정도로 탄탄한 근육이다. 감탄했다. 사실 어르신의 종아리 근육도 놀라웠지만, 짧게 해주신 말씀이 나의 마음을 쿵쿵 울렸다. 왜 사람들이 독서를 멀리했는지, 무엇이 사람들에게 필요한지, 그리고 이 통찰을 나의 책에 녹이고 싶다는 마음에 몸이 들썩였다.

어르신에게는 죄송하지만, 지금도 여전히 나는 등산을 가지 않는다. 신발장에는 3년 전에 큰마음 먹고 산 비싼 등산화 한 켤레가 있다. 먼지만 쌓여간다. 등산이 건강에도 좋고 마음에도 좋은 걸 알면서도 왜 나는 산에 가지 않았을까? 무겁게만 생각했기 때문이다. 등산을 하면 온몸이 기진맥진해지고 다리도 아프고, 그런 고생은 겪고 싶지 않기 때문이다. 등산은 나에게 가볍지 않은 존재였다.

내가 다시 등산을 하는 방법은 뭘까? 동네 뒷산부터 정복하는 거다. 천천히, 가볍게 시작하면 어르신 말씀처럼 등산에 점점 빠진다. 누가 가라고 하지 않아도 산에 오른다. 이제는 등산의 맛을 아니까.

돌이켜보면, 독서도 마찬가지였다. 지금이야 독서가 버겁지 않고 너무나도 당연한 일상이지만 예전에는 그러지 않았다. 책만 보면 졸았다. 그런 내게 독서가 자연스러워진 이유는 하나다. 하다 보니까, 읽다 보니까 이렇게 됐다.

우리는 독서를 너무 거창하게 생각하고 있는 건 아닐까? 다리 근육 한번 키워보지 않고, 호흡도 충분히 길러보지 않고 무턱대고 높은 산에 오르려고 한 건 아닐까? 독서를 즐겨하는 사람들도 힘들어하는 어려운 책을, 책을 빠르게 읽는 사람도 힘들어하는 두꺼운 책을 읽으려고 한 건 아닐까? 그러다 중간에 포기해 신발장에 놓인 등산화처럼 책도 책장에서 먼지만 쌓여갔던 건 아닐까 싶다.

모든 일은 시작이 가장 힘들다

최대 정지 마찰력: 정지하고 있던 물체가 막 움직이기 시작

안 그래도 바쁜 출근길에 이중주차라니. 당신 차 앞을 떡하니 SUV 차량이 막고 있다. 별수 없다. 한번 밀어본다. 이 정도 힘으로는 부족한가 보다. 다시 있는 힘껏 민다. 드디어 차가 움직이는가 싶더니 그 뒤로는 힘을 주지 않아도 저절로 굴러간다. 그렇다. 당신은 최대 정지 마찰력을 뚫은 강한 사람이다.

모든 일이 그렇듯 시작이 가장 힘들다. 그런 경험 한두 번쯤 있지 않은가? 며칠 동안 쌓인 설거지 거리를 보며 한숨을 내쉬다가도 어느덧 깔끔해진 싱크대를 보고는 뿌듯해했던 기억. 내가 운전을 어떻게 하나 싶었는데 요래조래 차들을 추월해왔던 퇴근길. '무슨 노래를 불러?' 하며 손사래를 치다가 막상 2절이 끝나서야 마이크를 놓아주었던 그날. 다시 한번 말하지만 당신은 시작에 강한 사람이다.

당신은 틀림없이 무한한 잠재력이 있다. 한번 움직이기 시작하면 그다음에는 저절로 일이 풀릴 것이다. 당신은 가장 힘든 지점, 멈춰 있던 그 구간을 뚫고 지나갔다. 이제 걱정은 하나다. 이렇게 가볍게 읽어도 인생이 달라지기는 하는 걸까?

'가벼운 독서가 인생을 바꾼다'는 가설을 당신에게 입증해보려고 한다. 나는 어떻게 독서를 가볍게 시작했는지, 가벼운 독서가 언제부터 인생을 바꾸기 시작했는지, 그리고 지금 내 인생은 어떻게 변하고 있는지를 하나씩 파헤쳐보려고 한다. 가벼운 독서가 정말 인생을 바꿀 수 있을지 의심이 들 때, 다음 문장을 몇 번이고 읽어보자.

> "어마어마한 결과를 가져오기 위해 반드시 어마어마한 힘이 필요한 것은 아니다."
>
> 『돈의 심리학』 중에서

가볍게 즐기는 독서의 맛

'그런 당신은 책을 가볍게 읽고 있나요?'

도둑이 제 발 저린다고, 뜨끔했다. 솔직히 말하면 나도 책을 마냥 가볍게 읽진 않는다. 책 읽고 유튜브 콘텐츠를 만들고, 이렇게 책도 쓰고 있으니 말이다. 가끔은 독서가 무거워질 때도 있어 고민이기도 하다. 다만 시작은 정말 가벼웠다. 그럼에도 내 인생이 조금씩 바뀌었던 원인은 뭘까?

스티브 잡스의 말을 잠시 가져와본다. "소크라테스, 당신과 점심만 먹을 수 있다면 애플의 모든 기술을 걸겠습니다." 당장 딸 기저귀 값부터 벌어야 하는 내게 썩 와 닿는 말은 아니다. 그렇다면 이렇게 생각해보자. '매일 저녁, 우리 집 식사에 이들을 초대한다면?' 왼쪽에 소크라테스, 오른쪽에는 역사학자 유발 하라리, 건너편에는 소설가 한강, 비즈니스 전략가 세스 고딘과 같은 베스트셀러 작가까지. 10분 만에 식사가 끝나는 자리라도 매번 만나면 한 번쯤은 기막힌 아이디어를 얻을 수 있지 않을까?

의자에 앉아 매일 10분이라도 가볍게 사람들을 만났다. 인생을 이렇게 살아본 사람의 이야기도 들어보고, 세상을 저렇게 바라보는 사람의 이야기도 들었다. 속세에서 멀어져 인간의 본성을 탐구한 사람의 말도 들어보고, 속세에서 성공한 억만장자의 말도 들었다. 그 속에서 나는 어떻게 살아가야 할지 고민했고, 독서의 무게는 조금씩 무거워졌다. 이 정도면 가볍게 시작하라고 한 게 도둑놈 심보는 아니지 않을까.

이제야 속이 풀린다. 치열하게 독서를 하는 내가 당신에게 가벼운 독서를 권하는 게 맞을지 마음이 답답했는데 이제는 말할 수 있다. 가볍게 시작하자. 울트라 마라톤을 뛰기 전에 동네 운동장에서 매일 2킬로미터씩 뛰어보자. 책도 무겁게 읽지 말고 가볍게 읽어보자. 내가 당신의 책 읽는 동료가 되어주려고 한다. 당신과 천천히 오래 읽고 싶다. 헬스장 어르신의 인생 조언을 담아 당신에게 이 말을 전한다.

"가벼운 책부터 읽어봐요. 그러다 보면 근육도 붙고 호흡도 좋아집니다. 몇 번 읽다 보면 독서의 맛이 느껴지죠. 그러다 어느 날 두꺼운 책 한번 읽어보세요. 마지막 책장을 덮고 책을 내려다보는 기분은 아무도 몰라요. 본인이 직접 느껴봐야 알죠. 그때 손을 허리에 두고 책을 보세요. 세상을 다 가진 기분이에요. 힘이 짝짝 붙습니다."

4

1그램 독서법으로
확실히 달라진 인생

"한 개의 도미노는 자신보다 1.5배 큰 것도 넘어뜨릴 수 있
는 힘이 있다. 5센티미터의 도미노를 시작으로 다음 도미노
를 1.5배씩 크게 만들면 23번째 도미노는 에펠탑보다 크고
57번째 도미노는 지구에서 달까지 거리가 된다."

『원씽』 중에서

이 책을 읽은 지도 벌써 3년이 되어간다. 당시에는 너무 당연
한 이야기라 생각했다. 꾸준히 반복하면 언젠가는 인생이 바뀐
다는 말. 그런데 3년이 지난 지금, 나는 작가로서 수천 명에게
독서의 가치를 전하는 사람이 되었다. 진부하다고 생각했던 문

장이 실제가 되었다.

우리는 분명 조금씩 성장하고 있다

평생 교사로만 살아갈 줄 알았던 내게 새로운 이름이 생겼다. 『1그램 독서법』의 저자이자 '책읽는어른'의 크리에이터, 그리고 14만 구독자의 오디오북 유튜버. 단조롭던 삶이 다채로워졌다. 하루는 집에서 책을 읽고, 유튜브에 도서 콘텐츠를 올린다. 하루는 도서관에서 책을 쓰며, 출판사에 원고를 투고한다.

특별한 능력 없는 내가 작가가 된 것은 과분했고 운도 좋았다. 영상 편집도 잘 모르는데 실버 버튼을 받게 된 것도. 평범한 내게 갑자기 많은 것이 쏟아지고 있다. 이를 모두 '운'이라는 한 단어로 묶어버리는 것은 너무 성의 없는 대답 같기도 하다.

다시 생각해본다. 내향적인 내가 지난 4년 동안 꾸준하게 했던 건 정말이지 독서였다. 사람 만나는 걸 좋아하지 않았던 나는 어떤 정보도 구할 수 없었고 어떤 인맥도 없었다. 혼자 읽고 혼자 쓰는 방법밖에 없었다. 그래서 더 책을 가까이했던 것 같다. 모름지기 독서란 좋은 것이라는 막연한 생각으로 아무 책이나 읽어나갔다. 인문학이든 자기계발서든 뭐든. 그러다 블로그에 서평을 남기기 시작했고, 지금의 '책읽는어른'이라는 브랜드로 발전되어 나만의 사업을 만들어나가고 있다.

그런데 인생이 변했다고 할 수 있는 시점은 불과 1년 전이다. 책을 한 권 읽는다고 인생에 1점이 추가되지는 않았다. 책을 100권 읽었을 때도 현실에 와 닿는 변화는 없었다. 블로그에 사람들이 폭발적으로 들어왔다고 꼽는 날이라 해도 30명이 될까 말까였다. 수입은커녕 댓글만 달려도 감지덕지였다.

겉으로만 보면 성장곡선은 완만하지 않다. 계단처럼 정체되었다가 단번에 상승한다. 그래서 착각하기 쉽다. 정체 구간에선 '나는 독서를 해도 별 변화가 없다'고, 성장구간에선 '저 사람은 운이 좋아 성공했다'고 생각한다. 그러나 당신도 그렇고 나도 그렇고 내면을 들여다보지 않고 겉에서만 봤기에 급격하게 변화하는 것처럼 보일 뿐이다. 우리는 분명 책을 읽으면서 조금씩 그리고 아주 천천히 달라지고 있다.

'가벼운 독서임에도 내 인생을 바꿀 수 있었던 진짜 힘은 뭘까? 혹시 나에게 찾아온 운을 독서 덕분이라고 오해하고 있는 건 아닐까? 대한민국 5천만 명 중에 한 명만 당첨되는 복권이 나에게 온 것일 수도 있잖아.' 그렇다면 이런 의심을 잠재울 이야기, '독서가 인생을 바꾼다'는 나만의 개똥철학을 들려주고자 한다.

개똥철학, 독서는 인생을 바꾼다

우리가 살아가는 이 세계는 일정한 법칙에 따라 흘러간다고
한다. 엔트로피 증가의 법칙. 모든 것이 시간의 흐름에 따라 점
점 무질서해진다는 얘기다. 얼음을 책상 위에 올려놓고 일주일
을 보내면 집이 냉장고가 아닌 이상 당연히 얼음은 물이 된다.
네 살 딸아이가 안방으로 들어간다. 엄마 화장대에서 이리저리
기웃댄다. 엄마가 지켜보지 않는 이상 화장대는 곧 엉망이 될
거라고 나는 확신한다. 무질서를 질서의 상태로 바꾸는 유일한
방법은 의도적인 에너지 투입이다. 즉 어떻게든 힘을 써야 한
다. 전기의 힘을 빌려 냉동고에 얼음을 넣어 보관한다. 엄마의
수고를 빌려 어질러진 화장대를 깔끔하게 정리한다.

책을 읽는 당신도 꽤 힘을 쓰고 있다. 옆에서 누군가 떠드는
소리에 집중이 흩어지지 않으려면, 오늘 저녁에 뭘 먹을까 하
는 고민에 흔들리지 않으려면 당신은 의도적으로 에너지를 써
야 한다. 이 책에, 이 문장에 말이다.

우리의 삶은 어떨까. 월요일 아침 일곱 시, 한숨을 쉬며 일어
난다. 회사에서는 온갖 업무에 머리가 터지기 직전이다. 드디
어 집에 돌아왔다. 집은 또 왜 이리 어질러졌는지. 대강 정리하
고 쉬고 싶은데 월말까지 마감해야 하는 업무가 생각난다. 몸
이건 마음이건 어디 성한 데가 없다. 오늘도 피곤함 그 자체다.

무질서로 뒤범벅이 된 우리를 편안하게 해주는 두 가지가 있다. 맥주와 쇼츠. 소파에 앉아 오른손에는 맥주 한 캔, 왼손에는 스마트폰, 준비 끝이다. 이제야 마음이 놓인다. 마음이 차분해지는 걸 보니 질서 상태로 가는 게 분명하다. 긴장했던 마음을 어느 정도 놓아주는 시간은 누구에게나 필요하다.

문제는 내일이다. 내일 저녁에도, 모레 주말에도 우리는 SNS를 보며 일상을 보낸다. 60초마다 주제를 바꿔가며 온갖 영상을 퍼붓는다. 오늘도 업데이트된 지인의 인스타그램 피드를 보며 허탈감을 느낀다. 안 그래도 일상에 치여 살아 머릿속이 복잡한데, 계속 잡다한 것들이 무자비하게 쌓여 나를 무겁게 만든다. 좀 더 근본적인 해독제가 필요하다.

> "무언가에 몰입한다는 것은 의식이 산만해지려는 경향에 맞서 집중된 상태로 가는 것이다. 따라서 몰입하는 삶은 죽음에 대한 최대의 저항이고 죽음과 가장 반대되는 삶, 가장 삶다운 삶이라 할 수 있다."
>
> 『몰입 확장판』 중에서

4년 전 독서를 시작할 당시에는 몰입의 경지까지는 아니어도 책을 펼치면 마음이 차분해졌다. 아무리 쉬운 책을 읽더라도, 10분만 읽어도 내가 깨어나는 기분을 생생히 느꼈다. 누가 나를 흔들어도 마음을 다잡고 중심을 세워갔다. 뭔가 하루가 찜찜하게 끝나는 날이어도 독서는 나의 하루를 질서 있게 마무리하도록 도와줬다. 독서는 힘들 지녔다. 무질서해진 하루를 질서정연하게 만드는 힘, 차곡차곡 쌓인 하루가 연결되어 만들어진 인생을 서서히 마꿀 수 있는 그런 힘 말이다.

큰 사람은 작은 일부터 시작한다

지금으로부터 2,500년 전, 노자는 이미 우주의 법칙을 꿰고 있었다.

"어려운 일을 하려는 자는 그 쉬운 일부터 하고, 큰일을 하는 자는 그 작은 일부터 한다. 세상의 어려운 일은 반드시 쉬운 일에서부터 시작되고, 세상의 큰일은 반드시 작은 일에서부터 일어난다. 이런 이치로 성인은 끝끝내 일을 크게 벌리지 않는다. 그래서 결국에는 큰일을 이룰 수 있게 되는 것이다."

가벼운 독서는 결코 나를 배신하지 않았다. 내 몸 어딘가에 기억에 남아 있다. "Nice try!" 아내에게 자주 하는 이 말에도 책에서 배운 것들이 녹아 있다. 짧지만, 철학을 담은 표현이다. 나의 취약함을 드러낼 용기, 실패해도 계속 도전하는 끈기, 하면 할수록 성장한다는 마음가짐. 눈사람을 만들 때 이곳저곳에서 눈을 모아 쌓는 것처럼 이 책 저 책에서 얻은 문장들이 모여 나의 말과 행동을 만들었다. 가끔은 '내가 원래 이랬나?' 싶을 정도로 놀라기도 한다.

원고를 쓰면서 '누가 흉보면 어쩌지?' 하는 생각이 들었다. 초등교사가 무슨 이런 생각을 하냐는 사회적 시선을 의식해서다. 아무리 책을 읽어도 두려움이 오는 건 어쩔 수 없나보다. 그러나 달라진 건, 그럼에도 쓴다는 거다. 책은 말해준다. "너야말로 책을 써야지, 그럼 누가 써. 너를 응원하는 사람이 더 많아질 거야. 그들에게 다가가."

당신의 말과 행동에도 문장 하나하나는 쌓인다. 1그램처럼 가벼워 보였던 문장들이 당신의 마음에 한데 모여 큰 줄기를 이룬다. 1그램처럼 작아 보였던 순간들이 당신의 시간에 한데 모여 큰 서사를 만든다. 오늘 쌓은 이 도미노를 믿고 내일도 모레도 계속 쌓아가자.

5

가볍게 읽다 보니
제법 무게감이 생겼습니다

흔들리는 자신감, 오래된 고민

"어깨 좀 펴고 다녀. 자신감을 가져!"

맞다. 당당하게 살아야 한다. 너무 맞는 말이라 더 궁금하다. 누군들 주눅 들고 싶어서 이렇게 살아갈까. 말만 듣고도 자신감이 눈앞에 툭 하고 떨어지면 좋으련만, 그런 일은 일어나지 않는다. 왜 나는 자신감이 없을까? 체격이 작아서? 아니면 내향적인 성격 때문에? 묻고 싶다. 자신감을 도대체 어떻게 올릴 수 있는 건데.

초등학교 5학년 때 밤 아홉 시만 되면 책가방을 열었다. "내

가 제대로 챙긴 게 맞나? 한 번만 더 검사하자" 구호를 다섯 번
정도 외치면 가방을 닫을 수 있었다. 강박증상이었다. 가방 검
사가 끝나면 현관문으로 향한다. 제대로 문이 잠겼는지 확인한
다. 내 방에서 훔쳐갈 물건은 코 묻은 일기장뿐인데 왜 그리 문
에 집착했을까?

나는 자신감도 자기 확신도 부족했다. 그래서 더 모범생이 되
고자 했다. '세상이 시키는 대로 하면 별 문제 없겠지. 부모님,
선생님이 말하는 대로만 살면 괜찮겠지. 그렇게 하면 안전하겠
지.' 겉은 성실한 모범생이었지만, 속은 불안한 아이였다.

어른이 돼서도 불안은 습관처럼 따라다녔다. 누군가 가볍게
던진 농담에도 흔들렸다. '내가 뭘 잘못했나? 이상한 말을 했
나?' 반면, 누군가 "너 잘하고 있어!"라고 칭찬하면 그제야 조
금 안도했다. 나는 내게 확신을 주기보다 남의 시선으로 자신
감을 체크하는 사람이었다. 자신감은 언제나 남의 몫이었다.

가벼운 독서가 내게 준 것

또 시작이다. 어제도 그리고 오늘도 아내에게 말했다. "나도
궁금해. 일본, 대만까지 뻗어가는 베스트셀러 작가가 될 수도
있잖아." 허언증도 아니고, 아무리 가장 가깝게 지내는 아내지

만 이건 아니다 싶을 거다. 이제는 대답도 잘 해주지 않는다. 내 잘못이다. 어제도 그랬고, 한 달 전에도 이렇게 말하고 있으니. 나는 예전과 아예 다른 사람이 되어가고 있다.

책을 읽다 보니 무게감이 생기기 시작했다. 철학서에 나올 법한 질문을 나 스스로에게 던졌다. '나는 무엇을 할 때 가장 행복할까? 앞으로 10년 뒤, 어떤 모습이 되면 좋을까?" 거창한 질문은 아니었다. 그저 책을 읽다 보니 자연스럽게 생각이 많아졌고, 그 생각을 글로 남기기 시작했다. 어딘가에 쏟아내지 않으면 과부가 올 지경이었다. 스마트폰 메모장이든 공책이든 아무도 보지 않는 공간에 나만의 생각을 적고 쌓아갔다.

'내게 불가피한 일이 생겨 만약 초등교사를 그만두게 된다면 나는 뭘 할 수 있을까?' 불현듯 떠오른 생각을 메모장에 적었다. 누구나 그렇듯 갑자기 직장에서 잘리는 그날을 한번쯤은 떠올린다. 당장 아내와 딸을 먹여 살릴 돈을 벌어 와야 하는데, 내가 할 줄 아는 건 교실에서 아이들을 가르치는 일뿐이다. 두려움을 느낀다는 건 책임감이 투철한 사람의 당연한 덕목이었다.

메모장에 다시 들어가 아래에 적었다. '갑자기 잘리면 내가 할 수 있는 게 뭘까?' 당장, 초등학생 아이들을 가르치는 기술은 어디 가지 않을 테니 독서와 수학을 결합한 독특한 공부방을 차린다. 그동안 읽은 마케팅 책들을 활용해서 근교에 공부방을 소개한다. 최소한 세 식구는 먹여 살릴 수 있을 정도의 능력은 되겠다는 확신이 들었다.

재밌는 건, 책은 작가의 생각을 적어놓았을 뿐인데 어느새 그 생각이 '나'의 생각이 되었다는 점이다. 책 속 문장을 몇 번 곱씹다 보니 내 태도에도 조금씩 스며들었다. 경제가 불안해지더라도, 누군가 나를 손가락질하더라도 웅크리지 않는다. 나에게 오는 자극은 예전과 변함이 없지만, 내가 일으키는 반응은 예전과 크게 달라졌다. 작지만 단단한 근육이 내 안에 붙은 기분이다.

하루 10분, 나의 근육을 키우는 시간

세스 고딘은 『트라이브즈』에서 말한다. "이런 좋은 세상에서 지렛대를 쓰지 않으면 바보다. 세상은 리더를 원하고 있다" 유튜브에 들어가 보자. 삼성, LG, 애플이 만든 콘텐츠는 없다. 모두가 개인이다. '어제 먹은 떡볶이', '지난주에 다녀온 가을산책 코스', '가성비 가습기 추천.' 개인과 개인이 연결되는 세상이 되었다.

10년 전 군대에서 문유석 판사의 『개인주의자 선언』을 읽었다. 내용은 잘 기억나지 않는다. 감정 하나만 남았다. '뭐야? 나만 개인으로 살아가는 걸 좋아하는 게 아니었어? 개인주의자로 살아도 괜찮은 거네…….' 책을 읽지 않았다면 나는 여전히 세상이 시키는 대로 살고 있었을 거다. 모임이 불편해도 참고, 나의 내향적인 모습을 부정하며 외향적인 모습으로 살아가려고 버둥거리면서 말이다.

'공무원 힘들다 하지만 그래도 내가 할 수 있는 건 이것밖에 없잖아. 남들도 다 이렇게 사는데…… 견디자.' 우리는 파도 속에서 살아간다. 파도가 싫다고 해서 멈출 수는 없다. 피할 수도 없다. 그렇다면 우리가 해야 할 일은 스스로 무게감을 갖는 것이다.

책을 읽으며 조금씩 무게를 늘려나갔다. 특별한 독서법은 없었다. 그저 읽었다. 사라진 내용이 더 많지만, 남은 1그램이 쌓여 나를 만들었다. 아직까지는 파도에 휘청거릴 때도 많지만, 괜찮다. 예전보다 나는 무거워졌다. 그리고 무엇보다도 내 중심을 스스로 정할 수 있게 되었다.

어렸을 때는 왜 자신감이 없었을까? 단순히 책을 안 읽어서는 아니다. 아이들만 봐도 알 수 있다. 책 한 권 읽지 않아도 매사에 자신감 넘치는 아이들이 얼마나 많은지 모른다. 하지만 나처럼 내향적이고 스스로를 믿지 못했던 사람에게는 무게감을 쌓을 무언가가 필요했다. 그것이 책이든 운동이든 자기만의 중심을 잡아줄 무언가를 말이다.

가벼운 독서를 권한다. 책만큼 '나'를 읽고 '세상'을 읽어낼 수 있는 것들은 많지 않다. 책을 읽으며 나와 대화할 시간을 만든다. 남들이 정성스레 써놓은 글을 읽으며 세상을 바라보는 시간을 갖는다. 하루 10분, 한 달 세 권의 독서. 그렇게 1그램이 쌓이면 어느새 1킬로그램이 되고, 나를 지탱하는 힘이 된다.

마인드 마이너Mind Miner 송길영은 『시대예보』에서 말한다. "회사에서 남은 게 없던 건 내 일이 아니라서 그렇습니다. 나만의 근육을 써야 합니다. 근육을 써야 남습니다. 나만의 일을 하세요"

하루 10분 책을 읽는 시간은 내 근육을 쓰는 시간이다. 1그램만큼 작은 시간이지만 그것이 쌓여 나를 무겁게 만든다. 무게가 쌓이고 쌓이다 보면 어느새 나만의 중심이 묵직하게 잡히는 시간이 올 거라 확신한다.

6

고전은 아직
쳐다도 안 봅니다

고전을 읽지 않는 나, 이래도 괜찮을까?

사실 부러웠다. 독서 자체를 즐기는 사람들을, 세계 명작을
거뜬히 읽는 사람들을 말이다. 나는 어릴 때부터 책을 멀리했
다. 20년 전 초등학생 시절의 인기 있던 『만화로 보는 그리스
로마 신화』도 내겐 그저 책이었다. 남자들이 한 번쯤 읽는다는
『삼국지』도 거들떠보지 않았다. 『어린왕자』가 뭐가 그리 재밌는
지, '독서하는 사람'들을 이해할 수 없었다.

서른 살이 넘어 느지막이 책을 접했다. 흔히 '~해라!' 하고 충
고하는 자기계발서였다. '최선을 다해라.' '목표를 가져라.' 누구

나 다 아는 말인데도 이상하게 빠져들었다. 그리고 깨달았다. '꼭 어려운 책을 읽어야만 독서가 아니구나', '꼭 생각을 깊게 해야만 독서는 아니구나.' 그렇게 독서에 재미를 붙이기 시작했다. 독서에 맛을 들이자 우주, 인문, 철학까지 관심이 넓어졌다.

그래서 독서마저 흑백으로 나누려 드는 사람들의 시선이 아쉽다. '이 책은 옳고, 저 책은 그르다'는 식으로 재단하는 흐름 말이다. 누군가의 생각은 다른 누군가에게 벽이 되기도 한다. 특히, 아이들은 어른들의 생각이란 대개 옳은 것이라 생각하기에 더욱 취약하다.

학창 시절, 도서관에 가면 무슨 책부터 읽어야 할지 막막했다. 서울대 추천 필독서 100권. 솔깃했다. '저 책들을 읽으면 나도 서울대생 정도의 수준으로 올라갈 수 있는 걸까?' 『토지』며 『태백산맥』이며 귀에 익은 제목이지만 펼쳐볼 엄두가 안 났다. 이유는 간단했다. 그런 고리타분한 책보다 게임이 재밌으니까. '연애 얘기도 아니고 역사를 읽는다고? 그것도 한 권이 아니라 열 권이나?' 그냥 생각을 접었다. '그래, 책은 나중에 시간 남으면 읽자.'

여전히 고전엔 손이 잘 안 간다. 『데미안』과 『이반 데니소비치의 하루』가 거실 서재에 꽂혀 있으면 뭐하나, 제목만 슬쩍 훑고 지나친다. 대신 한쪽에는 제목부터 화려한 책들이 수북이 쌓여 있다. 『타이탄의 도구들』에서부터 『혼자 일하며 연봉 10억 버는 사람들의 비밀』『부의 추월차선』까지.

가끔 지인이 집에 오면 거실 서재를 보며 말한다. "오, 야망 있는 친구였네!" 기분은 좋지만, 한편으론 '내가 욕망 덩어리처럼 보였나?' 싶기도 하다. 요즘은 텀블러 하나만 봐도 그 사람의 정체성을 알 수 있다는데, 책은 더 적나라하다. 겉으론 "독서 좋아한다" 말하면서 고전은 안 읽고 얄팍한 책만 보는 얕은 사람이었다는 사실이 들통나버린다.

이제는 당당하다. 독서로 돈을 좇든 세상을 구하든 아무렴 어떤가. 이 시대에 무려 책을 읽는 사람이라는 건 변함이 없는데. 우리에게 좋아하는 책을 고르는 자유 정도는 마땅히 있어야 하지 않을까?

텃새와 편견이 독서를 가로막는다

가끔 책에 등급을 매기는 사람들을 본다. 내용 깊은 고전을 잃어야지 자기계발서는 시간 낭비라고. 베스트셀러보다 명작을 읽어야 한다고. 물론, 양서가 실재하는 점을 부정하지는 않는다. 고전은 오랜 기간 살아남은 책이다. 긴 시간에 걸쳐 사람들에게 영감을 줄 만큼 훌륭한 책이라는 건 명백한 사실이다. 베스트셀러와 비교할 수 없을 정도로 깊이 있는 것도 마찬가지고.

하지만 텃새는 경계해야 한다. 이제 막 클래식 기타에 흥미 좀 붙여보자고 왔는데 옆에서 수근거린다. "나이도 많은데 이제 배우러 왔어?" "배울 거면 제대로 해야지 깨작거리면 되겠어?" 어딜 가나 훈수 두는 사람들이 있다. 훈수야 자유지만, 자유롭게 휘두르는 훈수가 누군가의 앞길을 막아서면 안 된다. 이제 피어오르는 당신의 독서 열정을 꺾지 않았으면 한다.

우리는 왜 유독 독서에 엄격할까? 우리는 왜 독서를 즐기지 못할까? 독서는 늘 공부였다. 교과서를 들입다 파서 외워야 했던 공부처럼 우리는 독서할 때도 책을 낱낱이 암기하려고 덤벼들었다. 내키지 않는 과목까지 준비해야 했던 입시처럼 우리는 별 관심도 없는 책을 억지로 읽었다. 누군가 우리에게 묻는다. "공부는, 독서는 왜 해야 하는 거예요?" 그러면 우리는 대답한다. "다 인생에 도움이 될 거야. 그냥 해."

그래서 스무 살만 넘으면 드디어 공부에서 해방됐다고, 드디어 지긋지긋한 글자들에서 벗어났다고 날뛰며 이제껏 못 누린 흥을 즐긴다. 사실 독서야말로 흥겹게 가지고 놀아야 할 놀이였는데 말이다. 어른이 되어 드디어 책 읽을 시간이 많아졌다고 좋아해야 할 우리였는데도 말이다.

나와 맞는 책이면, 그걸로 충분하다

독서의 고수들에게 정말 책에 등급이 있다고 생각하는지, 아이들한테도 그렇게 말할 수 있는지 물어보고 싶다. "직업에는 귀천이 없다" 말해놓고 "책에는 귀천이 있어"라고 말해도 되는 걸까? 고전을 쓴 작가라고 해서, 그가 생각이 다른 사람보다 수준 높다고 해서 다른 이들을 내려다보는 게 옳은 걸까? 적어도 그들이 독서를 시작하는 아이들의 앞길을 막아서는 안 된다. 그들의 시선으로 인해 아이들이 책에서 등을 돌려버리게 되어서는 안 된다.

『공부머리 독서법』의 최승필 작가는 말한다. "독서는 책과 독자라는 두 존재가 만나서 나타나는 화학작용입니다. 객관적으로 좋은 책은 없습니다. 내가 재밌는 책, 내가 쉽게 읽을 수 있는 책을 골라야 해요."

책을 고르는 건 연인을 고르는 것과 같다. 내가 사랑하는 사람을 누군가가 정해놓은 체크리스트를 보고 '점수'를 따지고 옳고 그름을 보면서 선택하지 않는다. 직접 만나보고 손을 잡아보고 시간을 보내봐야 그 사람의 진면모를 안다. 책도 마찬가지다. 누군가가 "왜?"라고 말해도, 나에게는 설렘이고 한시도 떨어지고 싶지 않은 관계다. 계속 만나고 싶으면 된다.

책은 사람이 쓴 말 덩어리다. 니체의 철학이 아무리 훌륭해도 나와 안 맞으면 끝이다. 시장에서 사람들이 오고가는 모습이 정겨워 보이고, 놀이터에서 손을 잡고 쫄래쫄래 노는 아이들이 아름다워 보이는 건, 그들이 더 가치 있어서가 아니다. 그들이 풍기는 사람 냄새가 좋아서다. 글을 쓰다 보면 기저귀도 떼지 않은 딸이 옆에 온다. 모니터를 보면서 배시시 웃는다. 내가 딸보다 컴퓨터를 잘 다룬다고 해서 더 나은 사람일까?

"독서에 관해 한 사람이 다른 사람에게 줄 수 있는 유일한 조언은 아무 조언도 따르지 말고 자신의 본능에 따라, 자신의 이성을 사용하여, 자신의 결론에 이르라는 것뿐이다."

버지니아 울프

답은 나왔다. '나'와 맞는 책인가 아닌가이다. 재미없으면 재미없는 게 맞다. 꼭 고전이라고, 인문학이라고 억지로 붙들을 필요가 없다. 기준은 오로지 나에게 있다. 자연스레 어려운 책들과 가까이 지낼 시기가 온다. 4월에 피는 꽃이 있고, 12월에 피는 꽃이 있듯이 누구나 자신에게 적절한 때가 온다. 그때 반갑게 맞아주자. '이제 나에게도 꽃이 피는구나.' 그리고 다른 사람에게도 알려주자. 언젠가는 당신에게도 꽃이 필 거라는 사실을 말이다.

7

독서법이 특별하지 않아서
더 지치지 않았어요

완벽한 하루가 아니어도 괜찮다

아침 7시 30분. "아빠, 일어나." 딸아이가 나를 깨운다. 눈꺼풀이 무거운 게 새벽에 세 번은 깨지 않았나 싶다. 요즘 딸이 성장통이 온 건지 한번 깨면 좀처럼 진정이 안 된다. 새벽에 우는 딸을 달래고 다시 잠을 청하기를 반복한다. 역시 오늘도 피곤하다. 찌뿌둥한 몸으로 일어나는 아침에 엊그제 블로그에서 본 문장이 머릿속을 스친다.

"완벽하지 않는 날도 여전히 기분 좋은 하루가 될 수 있다." 김은주 작가의 『기분을 만지다』에 나오는 한 구절이다. 문득 마음이 가벼워진다. '그래, 잠도 별로 못 자고 몸은 무겁지만 마음만큼은 내가 선택할 수 있지.' 블로그에서 우연히 봤던 문장이지만, 크게 중요치 않았다. 정독을 하든 한 문장만 골라 읽든 나에게는 충분히 힘을 주었으니까.

토요일 오후 네 시. 딸아이가 차에서 잠들었다. 마트에서 이리저리 뛰어다니느라 고단했나보다. 아내와 눈으로 신호를 주고받는다. 차에서 조금 쉬었다 들어가자는 암묵적 합의가 이루어졌다. 익숙한 듯 스마트폰을 켠다. 딸과 노는 동안 못 봤던 카톡을 확인하고 뉴스를 쭉 훑어본다. 그러다 문득 운전석 옆쪽 수납함에 넣어둔 책이 생각난다. 『백만장자 시크릿』. 몇 번은 읽었던지라 이미 포스트잇이 덕지덕지 붙어 있는 책이다.

언제부터였는지 모르지만 몇 권의 책을 차 안에 두고 다닌다. 가끔 이렇게 시간이 붕 뜰 때 편하게 보고 싶어서다. 책은 역시 세속적인 사람답게 성공학 분야다. 틈날 때 스마트폰을 내려놓고 책을 보려면 최소한 나의 구미는 당겨야 하니까 당연했다. 일부러 처음 부분부터 읽지 않고 과감히 중간부터 펼쳐서 읽는다. 벌써 이만큼이나 읽었지 하고 스스로를 속이는 술수이기도 하다.

이쯤이면 눈치를 챘을 거다. 특별한 독서법 따위는 없다. 그래도 굳이 이름을 붙여보자면, 책을 가까이 두고 가벼운 마음으로 읽는 독서법이라 해서 '1그램 독서법'이다. 혼자 순댓국밥을 먹으러 갈 때면 책도 동행한다. 딱히 국밥을 먹으면서까지 열심히 들여다보진 않지만, 그냥 느낌이 좋다. 숟가락 옆에 책을 놓는 기분. '나는 국밥도 좋아하고, 책도 좋아하는 그런 사람.'

모든 독서법에는 정답이 없다

가끔은 궁금하기도 하다. 워런 버핏, 빌 게이츠, 일론 머스크 등 독서로 세계를 이끌어가고 있는 사람들은 어떤 방법으로 책을 읽을까? 그들의 비법만 흡수하면 나도 크게 성공할 수 있을 텐데. 3대째 전해 내려오는 할머니의 특급 요리 레시피처럼 독서에도 그런 특별한 독서법이라는 게 존재할까? 그 독서법을 알고 있기만 하면 누구나 성공하고 누구나 독서로 인생을 바꿀 수 있는 걸까?

독서법에 관한 글을 쓰면서 도서관에서 관련 책을 숱하게 읽어봤다. 한 작가는 한장 한장을 사진을 찍듯이 빠르게 읽기를 권한다. 누구는 한 문장 한 문장을 곱씹어 필사를 하면서 읽으라고 한다.

정답이 있을까? 무지개를 쫓는 소년처럼 특별한 독서법을 찾고 싶겠지만, 그런 건 없다. 독서법이란 단지 우리의 일상에 독서가 조금 더 스며들어갈 수 있도록 도와주는 도구일 뿐이다. 기억하자. 독서가 먼저지 감히 독서법이 독서를 앞지를 수는 없다.

나는 평생 책을 읽으며 살아가려고 한다. 책의 맛에 중독되어 있기도 하다. 책만 보면 졸았던 내가 어떻게 매일 책을 읽을 수 있었을까? 조심스럽게 다가갔다. 탈나지 않게 가볍게 읽었다. 소매를 걷어 붙이고 한 시간 읽자고 덤벼들지 않았다. 순댓국 밥을 먹으면서 30초만 읽으려 했다. 좋은 문장을 만나도 노트에 필사하지 않았다. 포스트잇을 붙인 뒤 나중에 컴퓨터에 저장했다. 책을 읽지 못하는 날이 있어도 나를 몰아세우지 않았다. 이웃 블로그에 들어가 누군가 쓴 서평을 읽으면서도 만족해했다.

가늘고 길게 읽었다. 독서에 지치지 않게, 기록에 지치지 않게 말이다. 몇 년이 흘러 현재를 바라본다. 책을 읽지 않는 나는 내가 아님을 깨달았다. 하루라도 책을 읽지 않는 날은 그렇게 찜찜했다. 양치를 하지 않고 잠이 드는 그런 기분처럼 말이다.

가벼운 것에 끌린다

자연의 섭리는 모르지만, 인간의 본성만큼은 꿰뚫고 있는 한

가지가 있다. 사람은 가벼운 것에 끌린다는 사실이다. 어릴 때 읽었던 『이솝 우화』에도 나온다. 길을 가는 한 나그네에게 바람과 해님은 차례차례 도전을 한다. 나그네의 겉옷을 벗기는 내기였다. 바람은 힘을 주어 나그네의 겉옷을 벗기려 한다. 있는 힘 없는 힘 짜내며 거세게 몰아붙이지만 오히려 나그네는 필사적으로 겉옷을 움켜쥐고 몸을 웅크렸다. 해님은 바람과 다른 전략을 썼다. 힘을 빼고 그저 나그네 곁에 있었다. 나그네는 결국 겉옷을 벗는다. 어릴 때부터 우리는 배웠다. 가벼움은 무거움보다 강하다.

현실도 그렇다. 당신이 부모님의 결사 반대를 무릅쓰고 연애를 해본 경험이 있다면 이해하기 더 쉬울 거라 생각한다. 당신도 알다시피 부모가 반대하면 반대할수록 연인에게 더 끌리기 마련이다. 엄마와 아빠가 연락을 못 하게 하면 할수록 젊은 남녀는 오히려 더 끈끈해진다. 바람이 불면 불수록 겉옷이 날아갈까 세게 움켜잡았던 나그네처럼 말이다.

해님처럼 따스한 마음을 가진 작가는 아니지만, 당신 옆에 있고 싶다. "공부 좀 해!"라는 소리를 들으면 안 그래도 콩알만 했던 공부 의욕이 사라지는 것처럼 "책 좀 읽어요!"라고 말하고 싶지 않다. 가벼운 마음으로 가벼운 책부터 조금씩 책과 친해지기를 바란다. 가볍게 걷다 보면 어느새 책은 당신의 일상이 되고, 또 당신도 누군가에게 따스한 해님이 된다.

오늘도 도서관에 왔다. 2주 전에 빌린 책을 어서 반납하라고 온 독촉장 덕분이다. 그때까지만 해도 이 다섯 권을 다 읽어버리겠다는 마음이 한가득이었는데, 두 권만 성공했다. 실망하지는 않는다. 적어도 빌려온 덕분에 두 권은 성공적으로 읽었으니까. 겸사겸사 도서관에 와서 책도 한 번 더 볼 수 있고, 다시 빌린다고 돈 드는 것도 아니니까.

독서에 성공과 실패를 나누는 기준을 없앴다. 실패는 없다. 한 달에 한 권을 읽었다고 실패는 아니다. 두꺼운 책을 읽다 포기했다고 실패는 아니다. 적어도 한 권은 읽었으니까, 적어도 1분짜리 쇼츠를 보는 대신 600쪽짜리 두꺼운 책을 읽었으니까. 꾸준히 책을 조금이라도 읽고, 책으로 글을 쓰는 모습 자체가 성공인 것이다.

나만 알고 있는 특별한 독서법을 소개한다. 첫째, 완벽한 하루를 보내기 위해 읽지 않는다. 둘째, 완벽하지 않은 하루를 채우는 맛에 읽는다. 셋째, 완벽한 사람이 되기 위해 읽지 않는다. 넷째, 빈틈 많은 나를 채우는 맛에 읽는다. 이렇게 힘을 빼고 읽으면 독서는 일상이 된다.

8

누구도 알려주지 않았던,
책을 읽어야 하는 진짜 이유

책의 쓸모, 마음의 양식만으론 부족하다

우리는 쓸모를 알 때만 움직인다. 아무리 좋은 물건이라도 그 쓸모를 이해하지 못하면 쉽게 손을 뻗지 않는다. 나 역시 그랬다. 아내가 다이슨에서 나온 드라이기가 좋다고 사보자고 서너 번 권했다. 그때마다 나는 시큰둥하게 말했다. "집에 있는 멀쩡한 드라이기를 두고 굳이 50만 원을 주고 산다고?" 그런데 지금은 아내보다 내가 더 많이 쓰고 있다. 나는 아내에게 따졌다. "이렇게 좋은 걸 진작에 말하지."

독서도 마찬가지다. "책을 읽어야 한다"라는 말은 수없이 들지만 실제로 책을 읽지 못하는 이유는 독서의 쓸모를 알지 못했기 때문이다. 단순히 똑똑해진다거나 마음의 양식을 쌓는다는 말은 마음에 닿지 않는다. 세상에 볼 것도 많고 할 것도 천지인데, 마음의 양식 따위 같은 말로 구애하기에는 많이 부족하다.

본격적으로 독서가 도대체 어디에 쓸모가 있는지 소개하려고 한다. 지금까지 책을 읽으면서 깨달은 독서의 쓸모 한 가지. '사람들은 입자(물질)보다 양자(에너지)를 원한다.' 갑자기 이게 뭔 헛소리인가 싶다. 하지만 주변을 조금만 둘러봐도 이는 익숙하게 경험하고 있는 사실이다. 먼저, 입자와 양자에 대한 간단한 설명은 다음과 같다.

우주에 있는 모든 건 입자와 양자로 이루어져 있다.
입자: 물질을 구성하는 최소 단위
양자: 에너지의 최소 단위

서점에 간다. 입구에는 베스트셀러 1위부터 10위가 쭉 꽂혀 있다. 그중에 백과사전이 있을까? 어느 코너에도 백과사전은 찾기 힘들다. 그런데 자기계발서 한두 권은 베스트셀러에 항상 꽂혀 있다. 분명 백과사전이야말로 우주에 있는 모든 사실이 집약되어 있는 정보의 바다다. 재밌는 건, 그래서 사람들은 백과사전을 찾지 않는다. 사실로만 이루어진 책, 다시 말해 물질만 설명하는 책은 더 이상 사람들의 구미를 당길 수 없다. 마치 지혜로운 말만 늘어놓는 어른들의 말을 아이들이 듣기 싫어하는 것처럼 말이다.

입자(물질)는 찬밥이 됐다. 커피 한 잔도 그렇다. 당장 내일 카페를 차려서 "1그램 커피는 천 원입니다"라고 떠들어도 사람들은 찾지 않는다. 가격은 몇 배나 비싸지만 스타벅스에 가고 만다. 사람들은 커피 한 잔의 가격보다 커피를 마시는 분위기에 더 가치를 둔다. 사람들은 커피를 마시러 스타벅스에 가지 않고, 스타벅스에 가려고 커피를 마신다. 가격이라는 물질보다 분위기라는 에너지를 중시한다.

사람들은 무엇을 원하나

자, 이 헛소리를 현실로 가져와 연결해본다. 구독자 기준, 대한민국의 유튜브 순위다.

1위: 블랙핑크(가수)

2등: 방탄소년단(가수)

...

채널들을 대강 훑어보자. 사실을 전달하는 채널인가? 아니면, 에너지를 전달하는 채널인가? 그들은 고리타분한 지식과 같은 물질을 전달하지 않는다. 그들은 문화를 전달한다. 노래나 춤으로 사람들에게 에너지를 전한다. 그들의 구독자는 몇 천만에 이른다. 숫자가 많다는 건 그만큼 사람들의 수요가 많다는 의미다. 사람들의 수요는 사람들이 가진 욕망을 뜻한다. 즉, 전 세계적으로 물질보다 에너지를 원하고 있다.

주변 사람이 즐겨 보는 콘텐츠를 보면 대부분 먹방, ASMR, 게임, 여행 브이로그 중 하나다. 솔직히 고백하건데, 처음에는 이러한 채널들의 가치를 인정하지 않았다. 도대체 밥 먹는 영상이, 혼자 여행 다녀온 영상이 무슨 가치가 있다고 사람들이 많이 보는지 이해할 수 없었다. 죽어라 공부만 해서 월급쟁이가 된 내가 그들을 보면서 허탈감을 느꼈던 것 같다.

생각을 고쳤다. 구독자는 멍청하지 않다. 오히려 내 생각이 틀렸다. 사람들은 누가 밥만 먹는다고 좋아할 정도로 둔하지 않고, 어디 여행 다녀왔다고 해서 구독을 누르지 않는다. 사람들은 먹방, 여행, 게임과 같은 콘텐츠에서 무언가를 꾸준히 얻고 있었다. 바로 '에너지'다. 먹방 콘텐츠를 보며 먹는 즐거움의 에너지를 얻고, 여행 콘텐츠를 보며 가보지 못한 곳을 간접 경험하며 휴식의 에너지를 얻는다. 요즘 사람들은 양자(에너지)를 원한다.

독서가 전하는 에너지, 삶을 바꾸는 힘

이게 독서의 쓸모와 무슨 상관이 있을까? 아쉽지만 나는 그들처럼 음식을 맛깔나게 먹지 못한다. 사람들에게 먹는 즐거움을 줄 수 없다. 나는 그들처럼 자유롭게 여행 다닐 자신이 없다. 딸아이를 데리고 해외여행을 가야 한다고? 심지어 콘텐츠 기획까지? 사람들에게 다가가고 싶었지만 다가갈 수 있는 방법이 없었다. 나는 어떤 에너지를 줄 수 있을까.

독서가 최선이었다. 지금 당장 내가 할 수 있는 건 책을 읽고 책으로 말하는 게 전부였다. 자기계발서를 읽고 하루를 시작할 때 나도 모르게 긍정적인 말을 하고 다녔다. 학교에 출근하여 아이들에게 더 밝은 이야기를 들려주었다. 집에 돌아온 아내에게도 고생했다는 말 한마디를 더 따뜻하게 던질 수 있었다. 내가 스스로에게, 그리고 남들에게 주고 다녔던 에너지는 독서에서 비롯되었다.

『확신은 어떻게 생기는가』에서는 이렇게 설명한다. "감정과 생각이 진공 상태에 머물지 않고 몸으로 표현되어 그에 상응하는 생물학적 반응을 일으킨다는 뜻이다. 두려움과 걱정은 위를 자극하고, 흥분은 혈압을 상승시키며, 사랑은 뱃속에서 나비의 날갯짓을 느끼게 한다." 쉽게 말해, 감정과 생각은 손에 잡히지 않는 에너지이지만 물리적인 변화를 만들어낸다는 것이다.

인간인 우리는 의외로 연약하다. 내가 어떤 사람과 어울리며 사는지에 따라 삶이 달라진다. 주변 사람들이 뿜어내는 에너지는 눈에 보이지 않지만 알게 모르게 영향을 계속 주고 있다. 『명심보감』에서는 이를 이렇게 말한다. "착한 사람과 같이 살면 마치 지초나 난초가 있는 방에 들어간 것과 같아 오래되면 그 향기를 맡을 수 없으나 그 향기에 물들어 있는 것이다. 착하지 못한 사람과 같이 있으면 마치 생선가게에 들어간 것과 같아 오래되면 그 냄새를 알 수 없게 되나 역시 그 냄새를 가지고 있게 된다."

책을 읽는다. 인간관계로 힘들어하던 사람이 위로를 얻는다. 그는 다른 사람을 위로해줄 에너지를 갖게 된다. 주변 사람들에게 향기를 풍긴다. 그에게도 그런 향기를 가진 사람들이 모인다. 책을 읽었을 뿐인데 주변 사람들이 달라지고 삶의 방향이 달라지는 이유다.

기회가 왔다. 내가 어떤 학교를 나왔는지 토익 점수가 몇 점인지는 중요하지 않은 시대다. 내가 무엇을 가졌는지에 따라가 아니라 내가 어떤 에너지를 줄 수 있는지에 따라 가치가 올라가는 시대다. 평범한 직장인이 다른 사람들에게 에너지를 줄 수 있는 방법은 독서가 유일하다. 독서가 나를 움직였다면, 나를 감동시켰다면, 나를 가볍게 해줬다면, 남들에게도 전해줄 수 있다.

이제는 우리의 선택만 남았다. 하루 10분, 어떤 습관을 만들지만 결정하면 된다. 여기까지 나와 함께했다면 내가 아내에게 따지듯이 당신도 나에게 따지면 좋겠다.

"작가 양반, 진작에 책 좀 읽으라고 하지 왜 안 했어요?"

2장

하루 10분이면
충분합니다

1

사람이 갑자기 변하면 무섭잖아요

"책을 읽고 싶어도 집중이 잘 안 돼요."

"읽긴 하는데 머리가 잘 안 돌아가는 느낌이에요."

오랜만에 마음잡고 책 한번 읽어보자 펼쳤는데, 이상하다. 책이 눈에 안 들어온다. '예전에는 이 정도까지는 아니었는데.' 괜히 스트레스만 쌓인다.

이건 단순한 느낌이 아니다. 실제로 뇌에서 책을 읽지 못하고 있다. EBS 프로그램 〈당신의 문해력〉에서는 초보 독서가와 능숙한 독서가의 뇌 사진을 비교해서 보여준다. 두 사람은 같은 책을 보고 있지만, 뇌의 반응은 전혀 다르다. 능숙한 독서가의 뇌에서는 '지휘자' 역할을 하는 전전두엽이 활발하게 빨갛게 활성화된다. 반면, 초보 독서가의 뇌는 파랗게 보이며, 여전히 낮은 활성도를 보인다. 즉 책이 눈에 안 들어온다는 느낌은 착각이 아니라 실제로 뇌가 움직이지 않는 것이다.

당신도, 당신의 자녀도 나도 마찬가지이니 걱정하지 말자. 단순히 위로의 말을 건네려는 의도는 아니다. 뇌는 읽을수록 좋아진다는 것은 과학적으로 입증된 사실이다. 바로 '뇌의 가소성'이다. 뇌는 나이에 상관없이 쓰면 쓸수록 좋아진다. 서른 중반이 넘어가는 나의 뇌는 여전히 말랑말랑하다. 아무리 내가 탈모샴푸를 쓰고 갖은 용을 써도 정수리는 내 마음을 몰라주는데, 뇌는 읽으면 읽을수록 좋아진다고 한다. 이 정도면 꽤 희망적인 이야기 아닌가.

우리는 개구리가 아니다

이제 남은 건 하나 '독서'다. 읽기만 하면 된다. 그런데 그게 말처럼 쉽지 않다. 어릴 때부터 책을 가까이한 사람이라면 이해하기 어려울 수도 있다. "책 읽는 게 뭐가 어려워? 한 번만 읽어봐. 재밌어." 하지만 몇 년 전까지만 해도 책만 보면 졸았던 나로서는 지금 당신이 무슨 생각을 하고 있는지 안다. '그

래. 너나 실컷 읽어라.'

자책하지 않았으면 한다. 당신만 그런 게 아니다. 전 세계적으로 많은 사람이 책을 제대로 읽지 못하고 있다. 개개인의 잘못이 아니다. 문해력이 부족해서도 아니다. 우리는 책을 안 읽는 게 아니라 못 읽게 되었다. 다름 아닌, 항상 품에서 떠나지 않는 스마트폰 덕분에.

세계적 경영컨설턴트이자 미래학자인 니콜라스 카는 그의 저서 『생각하지 않는 사람들』에서 무서운 말을 한다. "인터넷은 인식의 방식을 꾸준히, 아무런 저항 없이 바꾸어 놓는다." 서서히, 그러나 확실하게.

'냄비 속 개구리' 실험을 떠올려보자. A개구리는 15도짜리 미지근한 물에 들어가고, B개구리는 45도의 뜨거운 물에 들어간다. 이후 물의 온도를 서서히 높인다. 둘 중 살아남은 개구리는 누구일까? B개구리다. 처음부터 위기감을 느끼고 변화를 감지했기 때문이다. 반면 A개구리는 따뜻함에 적응하다 결국 죽고 만다.

스마트폰과 인터넷도 우리에게 그렇게 다가왔다. 서서히 그리고 아무렇지도 않게 우리의 뇌를 바꿔버렸다. 책을 읽을 때 머리가 잘 돌아가지 않는 느낌을 받도록 만들어 놓았다. 무서운 건 사람들이 이런 사실을 모르고 지낸다는 점이다.

니콜라스 카는 이를 명확히 설명한다. "뇌 지도 내 공간은 우리가 훈련하는 다른 기술에 자리를 내어준다." 즉 스마트폰과 인터넷에 익숙해진 우리의 뇌는 독서에 쓸 공간을 점점 밀어내고 있다는 것이다.

꽤 괜찮은 결론이다. 문제의 원인을 명확하게 알았다. 책을 못 읽었던 건 내가 멍청해서가 아니라 뇌가 멍해졌기 때문이었다. 병원에서도 정확한 병명을 알아야 치료가 시작되는 것처럼 이제 치료만 하면 된다. 치료법은 별 거 없다. 그냥 읽으면 된다.

무턱대고 "오늘부터 하루 10분 책 읽자!"라고 외쳐서 마음이 움직이면 얼마나 좋겠냐만, 내 마음인데도 내 마음을 몰라준다. 매년 1월 1일이면 잠깐 의욕이 샘솟는 듯하다가 사흘이 지나면 슬슬 마음이 식는 것처럼 마음은 금세 변한다. 언제 내가 책을 읽겠다고 했냐는 듯 민망할 정도로 마음은 차분해진다.

코끼리를 달래는 협상: 하루 10분, 명확한 지시

마음을 종종 코끼리로 빗대어 말하고는 한다. 우리가 아무리 똑똑하더라도 코끼리 등에 올라타 이래라 저래라 말을 걸어도 좀처럼 말을 듣지 않는다. 어떻게 한 발이라도 움직이려고 코끼리를 뒤에서 밀어봤자 꿈쩍도 안 한다. 힘으로는 안 된다. 잔소리로도 안 된다.

코끼리를 앞에 앉혀두고 협상을 시작하자. 하고 싶은 말이 많다. 아침에 일찍 좀 일어나라고 하고 싶고, 비타민도 까먹지 말고 제시간에 챙겨먹으라고 보채고 싶다. 여기서 주의할 게 있다. 코끼리는 이미 최선을 다했다는 점을 이해해야 한다. 나와 협상을 하기로 마음먹었다는 그 자체로 코끼리는 칭찬받아 마땅하다. 어떻게 데리고 온 코끼리인데, 도망가기 전에 하나만 살포시 건네보자. '책 한번 읽어보는 건 어때?'

첫 번째 협상 전략은 '더도 말고 덜도 말고 하루 10분 독서'다. 앞서 말했듯이, 우리의 뇌는 아직 책에 온전히 집중할 수 있는 상태가 아니다. 코끼리와 성공리에 협상하면서 마음이 불타올랐겠지만, 뒤따라오는 뇌도 신경써주자. 해외에 나가면 시차에 적응을 해야 하듯이 여유를 가지며 시간을 보내자. 마음의 준비는 됐지만 몸이 따라오지 않는다면 코끼리도 발걸음이 무거워질 게 뻔하다. 코끼리 심기를 건드리지 않도록 최대한 작게 시작하자.

두 번째 협상 전략은 '절대 애매한 카드를 내보이지 마라'이다. "하루 10분, 열심히 읽자!"라는 말은 안 하느니 못하다. 코끼리 귀에 경 읽기다. 최대한 명확하게 말해야 한다. 심폐소생술에서도 명확한 말하기의 중요성을 강조한다. "앞에 빨간색 티셔츠 입은 남성분, 지금 119에 전화 걸어주세요!" 사람들은 그제야 움직인다. '이 정도면 이해했겠지'라고 생각하고 있다가는 아무런 일도 일어나지 않는다.

애매모호한 말이나 지시는 모든 행동의 덫이다. 회의실에 열댓 명을 모아놓고 팀장이 말한다. "이번 프로젝트는 회사의 중대한 기회입니다. 열심히 해봅시다!" 일제히 환호한다. 한번 해보자고 팀원들끼리 격려하며 회의를 마친다. 점심식사를 마무리하고 다시 각자 자리로 돌아간다. 그리고 아무 일도 없었던 것처럼 어제와 똑같은 방식으로 일을 한다. '그래서 뭘 어떻게 하라는 거야?'

두꺼운 글씨로 카드에 쓰자. '무엇' 그리고 '어떻게'.

- 매일 자기 10분 전에 독서등을 켠다. + 한 장만 읽고 잔다.
- 아침 기상 알람을 끄고 바로 책상 의자에 앉는다. + 한 문장만 필사한다.
- 출근할 때 가방에 책 한 권을 넣어둔다. + 점심에 양치하고 1분간 읽는다.

코끼리를 달래는 협상: 지도를 보여주자

마지막 세 번째 협상이다. 우리가 지금 어디로 가고 있는지지도를 보여주자. 아무런 목적지도 없이 드넓은 초원을 거닐기에는 코끼리가 안쓰럽다. "꾸준히 걷다 보면 우리가 도착할 곳은 여기야." 포기하고 싶을 때마다 우리가 어디까지 왔고 얼마나 더 가야 하는지를 알면 힘이 생긴다. 마라톤 선수들이 끝까지 달릴 수 있는 건 끝이 있다는 사실을 믿기 때문이다.

단, 목표만 보고 달려서는 안 된다. 독서의 목표가 1,000권이라면 그전까지는 모든 것이 실패일 수밖에 없다. 999권을 읽었을 때까지도 목표를 이루지 못한 상태다. 목표가 너무 거창하면 코끼리는 금방 지칠 수밖에 없다. 1,000권을 다 읽어도 문제다. 여태껏 목표만 보고 달려왔는데, 결승선에 도달하면 그다음은 무엇을 보고 또 달려야 할까.

마라톤에는 중간중간 얼마나 달려왔는지를 보여주는 '5킬로미터 마일스톤'이 있다. 목표만 보고 걷기보다 중간중간 어떤 과정을 거치고 있는지 확인하는 것이 중요하다. 예를 들어, 나에게는 이 책을 쓰는 것이 독서 목표 중의 한 과정이었다. 책을 씀으로써 더더욱 책을 읽고 싶게 만드는 힘을 얻고, 얻은 그 힘으로 또 책을 읽게 되는 순환이 만들어진다. 코끼리가 지나가는 중간중간에 작은 이정표를 세워보자. 이에 대해 4장에서 좀 더 자세히 다뤄보겠다.

앞으로 당신의 코끼리가 가볍게 발걸음을 뗄 수 있도록 도와주려고 한다. 당신이 책을 왜 안 읽는지를 탓하는 것이 아니라 당신이 어떻게 책을 읽을 수 있을지 궁리했다. 지난 수년 동안 습관과 뇌과학 관련 책들을 읽으면서 직접 삶에 적용한 방법들이다. 앞으로 소개할 다섯 가지 법칙은 당신의 코끼리를 움직이기에 충분하다. 단, 모든 걸 한 번에 하겠다는 마음을 비우고 나의 몸과 마음에 맞는 것 하나만 골라갔으면 좋겠다.

  22년 전, 초등학교 5학년이었던 나의 어설펐던 생각을 떠올린다. 겨울방학을 맞아 이번 방학이야말로 내 인생을 변화시키겠다는 결심에 의욕이 불타올랐다. 의욕은 그대로 생활계획표에 들어갔다. 아침 7시 30분 기상, 오후 2시 EBS 시청, 저녁 7시 방학숙제. 동그랗게 생긴 계획표만 쓰면 하루아침에 사람이 변한다고 생각했다. 결과는? 늘 그렇듯 방학숙제는 개학 일주일 전에 몰아서 끝냈다. 커다란 코끼리에게 열두 살 꼬맹이가 도전장을 내밀었으니 통할 리가 없었다. 통했다면 더 무서운 일이 벌어졌을지도 모른다. 사람은 쉽게 안 바뀐다는데 뭔가 신변에 변화가 있지 않고서야……. 지금 생각으로는 열두 살 꼬맹이에게 아무 탈이 없었던 것만으로도 만족한다.

2

───

첫 번째 법칙:
딱 한 번만 움직이면 됩니다

행동이 마음을 데려온다

아무리 귀찮은 일도 일단 몸이 움직이기 시작하면 언제 그랬냐는 듯 그 일에 빠져들게 된다. '작동 흥분 이론'이다. 독일의 정신의학자 에밀 크레펠린이 밝혀낸 이론으로, 작게라도 행동하면 뇌의 측좌핵 부위가 흥분하기 시작해 성가신 일도 몇 분 뒤에는 아무렇지 않게 하게 되는 현상을 말한다.

일요일 오전 아홉 시, 거실 탁자에 쌓인 먼지가 눈에 띈다. '눈에 보이는 것만 닦자'는 생각으로 걸레를 적신다. 탁자를 다 닦고 나니 문득 안방 책상이 떠오른다. '모니터 위에도 먼지가 꽤

쌓였는데, 걸레 빨기 전에 한 번만 더 닦자.' 그렇게 안방의 책상, 침대, 화장대까지 닦고 나면 어느새 열 시. 잠깐만 하자고 했던 청소가 한 시간이 지나갔다. 이상하게도 피곤하지 않다. 청소에 완전히 몰입해버린 것이다.

우리는 '책을 읽으려면 먼저 마음을 단단히 먹어야 한다'고 종종 착각한다. 정확히 반대다. 행동이 먼저고 그 뒤에 마음이 따라온다. 몸을 움직이면 마음도 자연스럽게 따라간다.

평범한 직장인으로만 살아봤지 난생처음 책을 쓰는 건 쉽지 않은 일이다. '첫 문장을 어떻게 시작해야 할까?' '내가 과연 작가가 될 수 있을까?' 의심과 불안이 꼬리를 문다. 마음을 잠재우는 방법은 하나, 바로 행동이다.

매일 밤 열 시, 어떻게든 노트북을 켠다. 마우스로 원고 문서를 더블클릭하는 순간, 글쓰기에 몰입한다. 한 시간이고 두 시간이고, 지금도 밤 열두 시에 가까워진다. 첫 문장을 어떻게 쓸까 불안했던 마음도 어느새 사라졌다. 노트북 타자를 두드리다 보면 신기하게 누가 등을 떠밀어주는 듯 한 문장 한 문장이 완성된다. 다방면에서 예술 활동을 하는 줄리아 캐머런은 그의 저서 『아티스트 웨이』에서 괴테의 말을 빌려 이렇게도 말한다.

"어떤 일을 시작한다는 문제에 대해 중요한 진실은, 자신을 던지겠다는 결단을 내리는 순간 신도 같이 움직인다는 사실을 모르기 때문에 수많은 아이디어와 멋진 계획들이 물거품이 되어버린다는 것이다. 행동은 그 자체에 마법과 은총, 그리고 힘을 갖고 있다.”

책을 펼치는 순간 이미 성공이다. 첫 문장을 읽기 시작하면 행동은 뇌를 건드리고 조용히 사라진다. 그리고 10분만 읽기로 했던 책은 어느새 15분이 되어 있다. 행동이 뇌를 살짝 건드렸을 뿐인데.

마케팅 세계에서는 이미 알고 있다. 어떻게든 5초, 1분, 1회만 보게 만들면 사람들이 자연스럽게 빠져들 것이라는 사실을 말이다. 광고를 건너뛰기 전에 궁금하게 만들고, 긴 영상 대신 1분도 안 되는 영상을 보게끔 한다. 드라마도 그렇다. 1회를 보면 ‘여기서 끝난다고?’ 하면서 이미 10회까지 정주행하고 있는 나를 발견한다. 첫 시작은 가벼웠지만, 보면 볼수록 빠져든다. 우리가 헤어나오지 못하도록 그들은 우리를 어떻게든 행동하게 만든다.

작은 시작이 만드는 몰입

“한입만 먹어봐.” 숟가락에 안심 살코기 한 점을 올려두고 딸에게 말한다. 호객 행위도 아니고, 한번만 맛보라고, 그러면 네가 스스로 찾아 먹을 거라고 유혹한다. 물론 한입도 허락하지 않는 딸이 얄밉기도 하지만 말이다. 무의식적으로 우리는 가벼운 행동을 권한다.

 소고기도 먹어본 사람이 맛을 알듯이 책도 자주 읽어본 사람은 남들이 볼 때 이상하리만큼 독서의 맛에 쉽게 빠져든다. 하루이틀 읽다 보면 며칠간 책을 읽지 않은 날은 찌뿌둥한 느낌마저 든다. 맛이 없으면 어떤가. 음식은 뱉으면 그만이고, 책은 덮으면 끝이다. 음식보다도 더 깔끔하다. 입맛에 안 맞는 음식을 먹으면 입안이 얼얼하기까지 한데, 책은 그렇다고 뇌가 얼얼할 정도는 아니다. 오히려 이 책은 나와 맞지 않는다는 확실한 주관이 생기는 신호이기도 하다.

 흔히들 "한번 해봐"라고 가볍게 건넨다. 부모님께 스마트폰 벨소리 설정을 알려주던 게 10년 전인데 요즘은 나보다 더 스마트폰을 잘 다루신다. 막상 한번 해보니까 스마트폰이 그다지 어렵지 않다는 걸 깨달으셨다. 3년 전만 해도 유튜버는 딴 세상 이야기로 들렸지만, 영상 한 개를 올린 이후 지금은 구독자 1,000명과 함께한다.

 무엇이든 '한 번만' 하게 되면 그 매력에 빠져든다. 우리의 뇌가 그렇게 생겨먹었다. '오늘 저녁에는 무조건 운동 가자'는 마음은 뇌를 건드리지 못한다. 반대로 현관에 나가 운동화 끈을 매는 행동은 뇌를 건드린다. 헬스장으로 나가게끔 모든 것이 나를 밀어준다.

필요한 건 한 걸음, 한 마디다. 누군가가 나에게 "한 번 해봐"라고 독려하면 좋겠지만 매번 그런 사람을 곁에 두고 지낼 수는 없다. 그렇다면 내가 하면 된다. 마음먹을 때까지 기다리지 말고 행동하자. 독서에 불타오르는 마음을 하염없이 기다리지 말고, 10분만 읽자. 10분이 부담된다면 1분도 좋다. 아니면 표지만 슬며시 바라봐도 좋다. 조금씩 뇌를 속이면 된다. '이 사람, 원래 책을 좋아하는구나.'

지금이 가장 좋은 때

책을 읽는 10분은 가벼워야 한다. 가벼워야 시작할 수 있다. 첫발을 떼면 그다음 발은 저절로 따라온다. 100미터 달리기 출발선에서 우리는 첫걸음에 집중하면서도 깃발이 올라가면 왼발 오른발이 어떻게 움직이는지조차 의식하지 못한다. 뛰고 있으니까 계속 뛰는 것이다.

"동기를 불꽃이자 전제조건, 다시 말해 뭔가를 시작하기도 전에 반드시 필요한 무언가로 본다. 말도 안 되는 헛소리다. 진짜 동기는 뭔가를 시작한 후에 생긴다. 동기는 수동이 아니라 능동이다."   ― 『스몰빅』 중에서

"요즘엔 도저히 책 읽을 시간이 없어요. 바쁜 거 정리되면 그때 읽을게요." 아쉽게도 그날은 오지 않는다. 오늘이 바쁘면 내일도 바쁘고, 다음 달은 더 바쁠 예정이다. 독서를 하기 좋은 때 그리고 독서를 하기 편안한 마음은 없다. 책을 읽을 때 가장 독서하기 좋은 순간이고, 책을 읽을 때 가장 독서하기 편안한 마음이다.

핵심은 뇌가 눈치 채지 못할 정도로 작은 행동부터 시작하는 것이다. '오늘 책을 한 시간 읽어야지'라고 하면 십중팔구 뇌가 태클을 걸어온다. '오늘 저녁에 약속 있잖아. 내일부터 하자.' 반대로 '1분만 읽어볼까?'는 뇌에게 그다지 큰일은 아니다. '뭐 1분 정도야. 옛다 받아라.' 1분이 5분이 되고, 5분이 30분이 되는 건 우리만 알고 쓰는 꼼수다. 하루 10분이면 충분하다. 독서는 그만큼 매력적인 존재니까, 책을 믿고 1분만 읽어보자. 어느새 독서가 일상이 되어 있는 걸 발견하게 될 것이다.

두 번째 법칙:
독서가 몸에 붙는 1+1 초간단 방법

습관은 만들 수 있다

조금 이상하게 들릴 수도 있다. 나는 매일 저녁 화장실에서 스쾃을 한다. 그렇다고 밥 먹다 말고 화장실로 달려가 스쾃을 하는 정도로 이상한 사람은 아니다. 저녁 아홉 시, 샤워를 한다. 수건으로 물기를 닦는다. 여기까진 누구나 하는 일상이다. 여기에 하나를 추가했다. 수건을 수건걸이에 걸자마자 스쾃 15개를 시작한다. 화장실 문은 꼭 닫고 한다. 내가 봐도 조금 이상하긴 하다.

요상한 습관은 3년 동안 멈추지 않았다. 장인어른 댁에 머무를 때도, 심지어 취기가 오른 날에도 어김없이 스쿼을 했다. 혼자 화장실에 덩그러니 서서 말이다. 그리고 한 가지 사실을 깨달았다. '습관은 생각보다 만들기 쉽다.'

제임스 클리어의 『아주 작은 습관의 힘』 덕분이었다. 동네 서점 베스트셀러 코너에서 발견한 책이다. 한 시간가량 서서 읽었다. 습관을 만드는 방법은 의외로 간단했다. 기존 습관에 만들고 싶은 새로운 습관을 덧붙이면 된다. 책을 읽고 있자니 몸이 꿈틀거렸다. 빨리 집에 가서 실험해보고 싶었다. 그리고 그날 시작한 실험은 아직까지도 유효하다.

그렇다고 허벅지에 무지막지한 변화가 생긴 건 아니니 오해하지는 말자. 나는 허벅지 근육보다 더 소중한 걸 얻었다. 습관은 얼마든지 만들 수도, 없앨 수 있다는 단순한 진리를 몸으로 습득했다.

독서 습관을 만들 때도 써먹었다. 당시 나에게는 하루도 빠짐없이 게임을 하던 습관이 있었는데, 게임 시간을 줄이고 싶었다. 빈 시간을 독서로 채우리라 마음먹었다. 그래서 매일 밤 베개 위에 책을 올려두었다. 어차피 잠은 자야 하고, 베개에 눕기 위해서는 최소한 책 표지라도 만지작거려야 하니까.

아무 생각 없이 하게 될 때까지

몸을 푸는 김연아 선수에게 한 사람이 물었다. "무슨 생각 하면서 (스트레칭을) 하세요?" 그녀는 답했다. "무슨 생각을 해…… 그냥 하는 거지." 겸손의 표현일 수도 있지만, 나는 진심이라 생각한다. 그녀는 정말로 별다른 고민 없이 스트레칭하고, 피겨 신발을 신고, 빙판 위에 나선다. 매일 그렇게 살아왔기 때문이다.

양치를 하는 나에게 딸이 "아빠, 무슨 생각하면서 양치하세요?" 묻는다면 나는 이렇게 대답할 것이다. "생각은 무슨…… 그냥 하는 거지." 어떤 행동이든 매일 하다 보면 의무감은 사라진다. 나에게 스쾃 15개가 그렇고, 매일 하는 독서가 그렇다.

그렇다고 지금 막 양치질을 배우는 26개월 꼬맹이한테 "별로 어렵지 않아. 매일 하면 돼"라고 말하진 않는다. 어른도 윗니 아랫니 닦는 방법을 배웠던 꼬꼬마 시절이 있었다. 마치 우주의 탄생처럼, 습관에도 시작점이 있다. 다만 그 시작을 기억하지 못할 뿐이다. 그래서 대부분의 양치질 고수들은 "아무 생각 없이 한다"고 말할 뿐이다.

다시 내 이야기로 돌아와, 허벅지가 눈에 띄게 거대해지지는 않았지만 어쨌든 첫걸음을 내디뎠다. 스쾃 15개가 어떻게 시작되었고, 어떤 전략으로 습관을 만들었는지를 소개하자면, 핵심은 세 가지다.

1. 기존에 하던 목욕 습관에 덧붙였다.
2. 애쓰지 않아도 될 정도의 크기로 시작했다.
3. 방해받지 않는 시간과 장소를 선택했다.

습관 공식

첫 번째, 기존 습관에 덧붙이기. 나는 평일이고 주말이고 가리지 않고 샤워를 하는 사람이었다. 즉, 샤워는 나의 일상에 없어서는 안 될 습관이었다. 당신도 매일 하는 습관을 찾고, 그 습관 뒤에 독서를 연결하면 된다. 흔하게 반복하는 일상을 몇 가지 가져왔다.

- 아침에 일어나서 알람 끄기 +
- 상쾌한 아침을 맞이하며 변기에 앉기 +
- 엘리베이터 올 때까지 멍하니 기다리기 +
- 출근해서 아메리카노 한 잔 마시기 +
- 집에 돌아와 잠옷으로 갈아입기 +
- 양치를 하고 화장실에서 나오기 +

하나만 골라서 장바구니에 담아보자. 그리고 더하기 수식 뒤에 '하루 10분 독서'를 붙이면 끝이다. 그리고 등호를 붙이면 된다. '아침에 일어나서 알람 끄기 + 하루 10분 독서 = 독서 습관 만들기'. 간단한 공식이다. 꾸준히 공식을 하루에 대입하다 보면 의식하지 않아도 독서는 일상이 된다. 그냥 '책을 읽는 사람'이 된다.

습관 공식에는 시간과 장소가 분명해야 한다. '아침에 일어나서 책 읽기'는 보나마나 실패한다. 아침에 일어나서 책을 읽는 행동 사이에 방해할 요소가 너무나도 많다. 알람도 꺼야지, 화장실도 가야지, 물도 마셔야지, 어제 못 챙긴 차키도 미리 챙겨야지. 마치 초보 운전자가 그 험악한 출근길에 옆 차선으로 끼어들기 어려운 것처럼 말이다. 너그럽게 독서에 길을 터줄 친구들이 아니다. 지금 독서를 시작하는 분이라면 언제 그리고 어디서 책을 읽을 건지 친절하게 안내해주자.

두 번째, 가볍게 시작하기. 스쾃이 습관이 될 수 있었던 건 맨몸으로 간단하게 할 수 있는 운동이었기 때문이다. 화장실에 5킬로그램 아령을 들고 들어올 필요도 없었고, 런닝화를 신을 필요도 없었다. 독서 습관도 가볍게 만들어보자. 부득이하게 나처럼 화장실에서 독서를 하고 싶다면, 하얀색 의자에 앉아

한 문장만 읽자. 이왕이면 손만 뻗으면 닿을 공간에 책을 올려
두면 좋겠다.

세 번째, 누구도 방해할 수 없는 시간과 장소 정하기. '미라클
모닝'이라는 주제의 책이 꾸준히 베스트셀러에 오르는 이유도
여기에 있다. 새벽은 누구도 방해할 수 없는 시간이다. 고요하
고도 오롯이 나에게 집중되는 시간. 나에게는 화장실이 그러했
다. 화장실은 누구도 침범할 수 없는 공간이었고, 시간이었다.
당신에게도 그러한 시간과 공간이 있기를 바란다.

여기에 한 가지를 더 추가하고 싶다. 네 번째, 냉장고에 붙이
기. 지금 바로 포스트잇을 가져와 적어보자. '언제, 어디서 +
하루 10분 독서 = 책 읽는 어른.' 눈에 보이면 행동이 따라온
다. 매일 지나가는 곳에 붙여보자. 습관을 바로 실행할 수 있는
장소라면 더 좋다.

언제 시작할까 고민된다면, 답은 하나다. 지금.

어제 못 했는데 후회된다면, 상관없다. 오늘 하면 된다.

오늘도 양치는 해야 한다. 칫솔을 내려놓고 상쾌한 기분으로
10분 독서를 시작하자. 습관이 몸에 붙는 건 시간 문제다.

4

세 번째 법칙:
책 보기를 쇼츠 보기처럼

뇌는 쇼츠를 좋아해

잠깐만 보자 했는데 어느새 한 시간이 지나간다. 쇼츠의 마력이다. 그렇다고 부끄러운 일은 아니다. 나도 그렇고, 전 세계사람들 모두 쇼츠 앞에선 어쩔 수 없다. 쇼츠를 즐기는 문화를개인 의지로만 돌리는 건 얕은 생각이다.

우리는 잘못이 없다. 잘못은 뇌에 있다. 그렇다고 뇌에게 책임을 물을 수는 없다. 뇌는 그저 본성에 따라갔을 뿐이다. 쇼츠는 짧고, 예측이 불가능하며, 도파민이 즉각적으로 나온다. 게다가 영상 하나 보는 데 걸리는 시간은 10초다. 반면, 책 한 권을 읽는 데는 최소 다섯 시간에서 여섯 시간이 걸린다. 뇌도 어찌할 도리가 없다.

　물론 두꺼운 책을 한 권 다 읽고 덮을 때 밀려오는 쾌락은 만만치 않다. 쇼츠를 볼 때는 느껴보지 못했던 뿌듯함을 느낄 수 있다. 이때 쇼츠가 손을 들고 파격적인 제안을 한다. 독서보다 더 짧은 시간에, 더 화려한 영상으로 쾌락을 자주 줄 수 있다고 한다. 이런 상황에서 종이 쪼가리로 된 책을 들이댄다고 싸움이 될까?

　우리 뇌는 그렇게 생겨 먹었다. 그렇다면 받아들이고, 이용하자. 뇌를 우리 편으로 만들자. 이는 마치 씨름에서 되치기를 하는 것과 같다. 상대의 힘을 역이용하여 적은 힘으로 승리하는 기술이다. 뇌에게 정면싸움을 걸지 말고, 그 힘을 빌려 독서 습관을 만들어보자.

　앞서 1+1 전략을 통해 독서 습관을 우연에 맡기지 않는 법을 배웠다. 이번에는 반대로 우연을 활용하는 방법이다. 틈이 날 때 무의식적으로 쇼츠를 보듯이 책을 보는 방법이다. 뇌도 모르게 책을 보게 만드는 연습이다.

내 탓 아니라 뇌 탓이오

사람들은 쇼츠를 어떤 마음으로 대할까. 최소한 소매를 걷어붙이지는 않는다. 쇼츠를 반드시 보고야 말겠다는 무거운 의무감도 없다. 그럼 쇼츠를 언제 볼까. 식탁에 앉아서도 보고, 소파에 누워서도 본다. 최소한 책상에 바르게 앉아 정자세로만 봐야 한다고 생각하지는 않는다. 쇼츠는 뇌와 친하다.

"이겨놓고 싸워라."『손자병법』의 한 구절이다. 뇌는 본래 긴글을 읽으려고 생긴 기관이 아니다. 뇌의 최우선 관심사는 생존이다. 생존과 직접적인 관련이 없는 독서는 뇌의 눈 밖에 난활동이다. 반면 쇼츠는 짧은 시간 안에 강한 도파민을 유발한다. 아쉽지만 뇌는 쇼츠를 편애한다. 그러니까 독서보다 쇼츠를 좋아했던 건 내 탓이 아니라 뇌 탓이다.

한 권을 끝까지 읽는 사람은 오히려 뇌의 본성을 거스르는 소수다. 이제 막 독서를 시작한 우리에게 필요한 건 뇌와 동맹을 맺는 거다. '쇼츠는 악, 독서는 선'처럼 두 가지 활동을 정반대의 성격으로 해석하기도 하지만, 사실 쇼츠 자체가 잘못된 건아니다. 그저 기업이 소비자에게 광고를 조금 더 보여주려고만든 장치일 뿐이다.

억울한 쇼츠에게 삿대질은 그만두자. 핵심은 두 가지다. 받아들이기와 바꾸기다. 먼저 쇼츠를 좋아하는 뇌의 고유한 특성을 받아들이고 독서 습관을 이에 맞춰 조정한다. 그리고 책을 보면 기분이 좋아지도록 패턴을 바꾼다.

3년 전만 해도 하루에 한 시간씩 꼭 게임을 해야 했던 내가 지금은 게임에 뇌가 반응하지 않는다. 오히려 서점에서 16,000원 주고 산 책을 오른팔에 끼고 나올 때 뇌가 반응한다. 어느 순간 뇌는 독서에 속아 넘어갔다.

쇼츠의 특징을 알면 독서 습관도 쉽게 만들 수 있다.

첫 번째 방법, 완독하지 않는다. 책을 처음부터 끝까지 다 읽어야 한다는 강박을 내려놓자. 자식이야 한번 낳으면 처음부터 독립 전까지는 끝까지 책임을 져야 한다지만, 책은 아무런 연고가 없다. 도서관에서 빌려온 책이더라도 억지로 끌어안고 갈 필요가 없다. 책을 읽을 권리도 있지만 놓을 권리도 있다.

마음에 들지 않는 쇼츠를 보면 검지로 스윽 넘긴다. 어쩔 때는 한 번에 세 개씩 넘길 때도 있다. 고객을 어떻게든 그들의 플랫폼에 가둬놓아야 하는 천하의 대기업도 가끔 실패를 한다. 하물며 글자만 모아놓은 두꺼운 책이 처음부터 끝까지 내 입맛에 맞을 확률이 얼마나 될까?

검지로 쇼츠를 무심히 넘기듯 책도 훑어보자. 앞뒤 표지를 보고, 저자가 누구인지 살펴보자. 여기도 통과했다면 목차를 훑어보며 기꺼이 내 시간을 써도 되는지 점검해보자. 그리고 읽고 싶은 부분부터 읽기 시작한다. 소설은 어렵지만, 비문학은

중간부터 읽어도 무방하다.

쇼츠처럼 가볍게, 틈나는 대로

두 번째 방법, 독서 알고리즘을 최적화하자. 쇼츠를 끊을 수 없는 이유 중에 하나가 고객 맞춤형 알고리즘 때문이다. 귀신같이 내가 요즘 뭘 좋아하는지를 잡아내어 보여준다. 굳이 애쓰지 않아도 내 입맛에 맞는 반찬들을 딱 차려주니 이보다 좋은 서비스가 없다.

아쉽지만 책장은 그렇게 친절하지 않다. 내가 일일이 손봐야 한다. 요즘 관심사가 뭔지, 읽고 싶은 책이 뭔지를 스스로 파악하고 책장 알고리즘을 준비해두어야 한다. 가끔 부모님이 아이에게 잔소리하는 이유도 이와 같다. 책장에 이렇게 책이 많은데 볼 책이 없다고 불평하는 아이의 말이 꼭 핑계 같아서다. 곰곰이 생각해보자. 책장은 아이가 꾸몄는지 부모가 꾸몄는지 말이다. 구글, 메타와 같은 공룡 기업이 만들어놓은 알고리즘과 싸우려면 책장 정도는 스스로 챙겨야 한다.

어떤 책을 읽을까? 도움 받은 곳은 많다. 서평 블로그도 좋고, 책을 소개하는 유튜브도 좋다. 신기하게도 책을 읽다 보면 읽고 싶은 책 목록을 적고 있는 자신을 발견하게 될 것이다. 책에 적힌 인용구를 보고 특정 책에 끌릴 수도 있고, 자기계발서만 읽다 보면 인문학이 갑자기 끌릴 때도 있다. 그럴 때마다 스마트폰 메모장에 기록한다. 도서관에서도 빌려오고, 서점에서 사기도 하고. 작은 책장에 더 이상 책이 들어가지 않아 책을 가로로 보관하는 순간, 당신은 이미 독서가가 되었다는 증거다.

세 번째 방법, 숟가락 옆에 책 한 권을 두자. 이렇게까지 책을 읽어야 하냐고 되물을 수도 있다. 오해하지 말자. 책을 그냥 곁에 두라는 말이다. 잠깐 책을 들었다 놓은 것만으로도 독서의 진입장벽을 낮출 수 있다. 운 좋게도 뇌가 허락하는 날이면 밥을 먹으며 책을 읽는 내 모습이 꽤 멋져 보일 수도 있다.

책을 꼭 각 잡고 읽어야 한다는 생각을 버리자. 마음이 차분할 때 읽어야 하는 것도 아니고, 집중하는 공간에서만 읽을 필요도 없다. 쇼츠가 우리 손에 들리는 이유는 별다른 준비가 필요 없기 때문이다. 책도 마찬가지다. 언제 어디서든 자연스럽게 읽을 수 있도록 환경을 조성해야 한다.

시작하기도 전에 걱정된다. '이렇게 읽어봐야 기억에 남지도 않을 텐데.' 뇌가 독서를 싫어할 만하다. 여전히 우리에게 독서는 공부인가 보다. 까짓 것 기억에 조금 남지 않으면 어떤가. 지난주에 봤던 쇼츠 중에 기억에 남은 것은 몇 개나 될까? 기억에 남지 않아도 되니까 오히려 즐겁게 볼 수 있었던 거다.

쇼츠 하나하나를 외우려 한다면 고역일 것이다. 다음 쇼츠를 볼 마음조차 사라진다. 독서도 그렇게 읽어보자. 의미를 무언가를 외우는 데 두지 말고 읽는 행동 자체에 부여하자. 철저히 나만을 위한 시간으로 책을 읽자. 그러다 보면 문장을 외우고 싶지 않아도 문득 떠오르게 되며, 인생이 달라지기도 한다.

5

네 번째 법칙:
신경 끄기 기술

억지로 끊지 말자

"내가 책을 읽지 못하는 이유 100가지". 그럴 듯한 제목이다.
사실 누구에게나 책을 읽지 못하는 이유는 분명히 있다. "책은
읽고 싶은데 도저히 시간이 안돼요." "요즘 업무 때문에 독서에
신경 쓸 여력이 없어요." 점점 악화되는 경제 상황도 한몫한다.
어릴 적부터 책을 가까이 하지 않은 탓에 독서가 익숙하지 않
다는 점도 이유가 될 수 있다. 중요한 건 내년에도 경제는 좋지
않을 거고, 책을 읽지 못했던 과거 역시 변하지 않는다는 사실
이다.

가끔 교실에서 아이들이 내게 하소연한다. "선생님, 분명히 숙제하려고 했거든요. 근데 게임을 하다 보면 하루가 다 가 있어요." 표정에서 진심이 느껴진다. 둘러대는 핑계가 아니다. 숙제를 하려면 게임을 끊어야 하는데, 그게 마음처럼 쉽지 않다는 걸 아이들도 알고 있다.

나도 아이에게 진심을 담아 말한다. "게임은 끊으면 안돼. 지금처럼 하는 게 좋아. 섣불리 끊었다가는 오히려 불안해지거든. 저 못된 숙제 때문에 소중한 게임 시간이 줄어든다는 생각이 들지. 게임은 계속해. 대신 하루 10분만 게임 전에 숙제를 하는 거야. 나머지 시간은 그냥 원래 하던 대로 게임을 해도 돼."

신기하게도 어떤 걸 '하지 말아야지' 하면 오히려 그 생각에 더 매달리게 된다. 갖지 못한 것을 계속 생각하면 꼭 갖고 싶어지는 것처럼 말이다. "지금부터 초록색 코끼리를 절대 생각하지 마세요." 그러면 이상하게 초록색 코끼리가 머릿속을 채운다. 평소에 코끼리를, 그것도 초록색 코끼리는 단 한 번도 생각해본 적이 없는데도 말이다.

하루를 둘로 나눠보자. '독서하는 시간'과 '독서하지 않는 시간'. 두 덩어리는 크기 면에서 차이가 꽤 크다. 하루를 분 단위로 나누면 1,440분이다. 그중 독서를 10분 한다면, 0.7퍼센트에 불과하다. 나머지 시간은 99.3퍼센트에 달한다. 우리는 단

1퍼센트에만 집중하면 된다. 99퍼센트는 건드리지 않는다.

뿌리 습관

물론 집안 형편이 좋아지고 바빴던 업무도 다 끝내고 나서 독서를 시작하면 좋다. 마음이 가벼워야 독서도 가볍게 할 수 있을 테니 말이다. 하지만 그러한 문제들을 일일이 해결하고 독서를 시작한다면 정작 남아 있는 에너지와 시간은 거의 없다. 복잡하게 얽힌 문제들에 에너지를 쓰기 전에 가볍고 확실한 습관에 에너지를 집중해보는 건 어떨까.

나는 이를 '뿌리 습관'이라고 부른다. 하루에 어떤 일이 일어나도 반드시 지키는 습관. 앞서 말했듯이 '샤워 후 스쾃 15개'가 그러했다. 술을 마셔도, 다른 데서 잠을 자도 이 습관만큼은 철저하게 지켰다. 사소한 습관이었지만 결국 나의 삶에 단단한 뿌리를 내렸다.

'하루 10분 독서'는 처음엔 나의 하루를 크게 바꾸지 않는 것처럼 보인다. 여전히 나를 성가시게 하는 것은 도처에 존재한다. 인간관계도 그렇고, 경제 상황도 신경 쓰인다. 독서의 힘이 아직 내 삶을 뒤흔들 만큼 크진 않다. 시간이 흐르면 상황은 달라진다. 매일 10분이라도 독서를 하다 보면 습관에 뿌리가 생기기기 시작한다. 점점 두꺼워지는 뿌리 습관은 일상에도 굵직 굵직한 영향을 준다.

오늘 하루 회사 일로 정신없이 바빴어도 집에 돌아오면 하루 10분 독서가 기다리고 있다. 그 시간만큼은 어떤 것도 침범할 수 없다. 독서 습관이 자리 잡히고 뿌리가 두꺼워지면, 또 다른 가느다란 뿌리가 뻗쳐나간다. '하루 10분 독서'는 블로그에 글을 쓰는 습관을 만들어줬고, 글을 쓰는 습관은 작가가 될 수 있도록 기초를 만들어주었다.

그럼 우리가 지금 당장 해야 할 건 뭘까? 던지기만 하면 된다. 매일 굴러가는 일상 속에 하루 10분 독서를 던져놓자. 나머지는 억지로 끊어내려 하지 말자. 쇼츠를 보고 있는 나를 자책하지 말자. 괜히 가만히 있던 독서가 눈총을 받는다. "굴러들어온 너 때문에 내가 괜히 욕을 먹잖아."

좋은 습관과 나쁜 습관을 함께 인정하기

『아주 작은 습관의 힘』에서는 이렇게 말한다. "텔레비전을 보면서 게을러졌다는 기분을 느끼고, 게을러졌기 때문에 텔레비전을 더 본다." 악순환이다. 나를 탓하는 순간 나도 무너지기 마련이다. 끊어내고 싶은 나쁜 습관이 있다면 너무 힘주어 싸우지 말자. 원래 싸우다 보면 미운정도 드는 법이다.

북아메리카 원주민의 이야기가 있다. 어느 지혜로운 할아버지가 어린 손자를 무릎에 앉혀놓고 말했다.

"사람들의 마음속에는 늘 늑대 두 마리가 살고 있단다. 그중 한 마리는 착하고 늘 사랑스러워서 세상의 모든 선한 것들을 품고 있단다. 다른 한 마리는 악마와 같아서 화를 잘 내고, 질투랑 욕심과 같은 온갖 부정적인 것들을 품고 있어서 두 늑대는 지금도 끊임없이 이를 갈며 싸우고 있단다."

이야기에 빠져든 손자가 할아버지에게 물었다.

"할아버지, 그럼 둘이 싸우면 누가 이기는데요?"

할아버지는 미소를 지으며 대답했다.

"그야 네가 먹이를 주는 놈이 이긴단다!"

그러곤 할아버지는 손자에게 한 가지 이야기를 더 들려주었다.

"그렇다고 나쁜 늑대를 굶주리게 하면 안 된단다. 나쁜 것이라고 궁지로 몰아넣기보다는 그 늑대가 무슨 이야기를 하는지 천천히 들어주는 것이 좋아."

아무리 없애고 싶은 나쁜 습관이 있더라도 단번에 끊어내지 말자. 초록색 코끼리를 생각하지 않으려 할수록 떠오르는 것처럼, 어떤 것을 강제로 끊으려 하면 오히려 더 매달리게 된다. 없던 힘까지 짜내면서 나에게 필사적으로 덤벼든다.

어두운 것들도 함께 가자. 박혀 있던 돌의 입장도 생각해주자. 게임을 하고 싶은 나의 마음도 인정하고, 인간관계에서 스트레스를 받는 나도 위로해주자.

프랑스 철학자 몽테뉴는 말했다. "사건을 통제할 수 없다면, 나 자신을 통제하라." 무인도에서 살아가지 않는 이상, 우리는 어떻게든 현실을 받아들이며 살아가야 한다. 나에게 하는 말이기도 하다. 한 시간 동안 글을 쓰면서도 세 번이나 노트북이 먹통이 되었다. 도중에 글쓰기를 포기할 이유야 100가지가 되겠지만, 그럼에도 묵묵히 쓴다. 매일 쓰다 보면 이런 어두운 날이 있었던 걸 까먹을 정도로 멀리 갈 테니 말이다. 신경 끄고 무던하게 읽어나가자. 지나온 길은 꽤 멋져 보일 것이다.

6

다섯 번째 법칙:
짧고 굵게 읽기

시간 탓은 그만, 정신 탓을 하자

"시간이 부족할까 걱정하지 말고, 정신이 온전히 미치지 못
할까 걱정하라."

정조

바쁘게 살아가는 우리에게 이보다 더 울림을 주는 말이 있을
까. 가끔은 계획에 없던 일정이 생겨 운동도 독서도 못하는 날
이 있다. 평소라면 한 시간 해야 할 운동이 오늘은 고작 30분.
슬그머니 생각이 밀려온다. '시간도 없는데, 오늘은 쉴까?'

하루에 몇 번이고 유혹에 시달린다. 바깥은 변수 투성이라 원래 계획했던 일정을 제대로 소화하지 못할 때가 많다. 그럴 때마다 흔들린다. 그만둘까? 그냥 넘어갈까? 오락가락하는 마음을 다스리기 위해서는 명언이 필요했다. 다이어리 맨 앞에 정조의 말을 적었다. 언제든지 그만두고 싶은 유혹을 떨쳐내기 위함이다.

핑계는 없다. 시간이 없다는 말은 책을 읽지 않겠다는 다짐과 같다. 조선의 왕 정조도 독서를 즐겨했다고 한다. 내가 아무리 바빠도 왕보다 바쁘지는 않겠지 하는 마음으로 책을 든다. 하루 10분 정도는 비어 있기 마련이다. 틈틈이 독서로 채워보자. 신데렐라가 명작이 된 이유도 열두 시라는 데드라인이 존재했기 때문이다. 당신에게도 많은 시간을 주지 않는다. 10분이다.

독서 시간은 10분에서 충분히 늘어날 수 있다. 하지만 첫 단추가 중요하다. 10분만큼은 내 안의 최대 능력치를 끌어올린다는 마음으로 독서에 몰입해보자. 몰입 독서에 필요한 세 가지를 제안한다. 모든 방법들을 적용할 필요는 없지만, 독서에 온전히 마음이 가지 않는 날에 써먹어보면 좋겠다.

몰입을 돕는 세 가지 도구

첫 번째, 손으로 읽기. 가끔 몸은 책에 왔는데 마음은 다른 데 있는 경우가 있다. 막상 책을 펼치고 앉았는데 좀처럼 집중이 안 된다. 조금 전에 읽었던 문장을 다시 돌아와 또 읽는다. 검지를 쓸 때가 왔다. 손가락으로 한 줄 한 줄 짚으며 읽어나간다. 밖으로 나가는 시선을 손가락에 모아주고, 딴 데로 새는 생각을 막아준다. 눈만 움직일 때보다 더 적극적인 마음 자세가 된다.

그럼에도 집중하기 힘들다면, 메모가 답이다. 평소 A4 용지를 반으로 접어두어 책에 꽂아둔다. 읽다가 마음에 드는 문구를 발견하면 대강 적는다. 그 아래에는 간단히 생각도 기록해둔다. 누구에게 보여주지도 보관할 글도 아니라 나만 알아볼 수 있게 적는다. 한 권을 다 읽고 나면 자신만의 독서 노트에 따로 옮겨 정리한다. 졸릴 때 확실히 집중하게 만드는 방법으로, 이보다 강력한 독서법이 있을까 싶다.

두 번째, 구글 타이머로 시간 제한 두기. 동네 근처 카페로 향한다. 가방에서 책, 포스트잇 그리고 구글 타이머를 주섬주섬 꺼낸다. 오늘 목표는 30분. 타이머를 돌린다. 1분이 지날 때마다 빨간색 눈금 한 칸이 사라진다. 모든 눈금이 사라지면 미션 완료다. 스마트폰은 가방에 모셔둔다. 카페 탁상에 놓인 건 오로지 책과 관련된 물건들뿐이다. 벌써 30분. 빨간색 눈금이 다 사라졌다. '오늘 컨디션 괜찮네!' 하고 10분을 더 돌린다.

타이머를 활용하면 얻는 혜택은 두 가지다. 하나는, 시작과 끝이 분명해진다. 마감 없는 과제는 끝이 안 나는 법이다. 날짜나 시간과 같이 구체적인 데드라인이 있어야 몸은 움직인다. 우연히 마트에서 마주친 지인과 반갑게 인사한다. "다음에 밥 한 끼 해요." 그런 날은 오지 않는다. "몇 월 며칠에 봐요" 해야 만남이 이뤄진다. 똑같다. 구글 타이머를 돌리는 순간, 약속은 정해진다. "딱 10분만 보고 시원하게 헤어지는 거야."

또 다른 이점은, 흘러가는 시간에 의미를 부여할 수 있다. 지금도 그렇다. 평소였으면 아무 의미 없는 밤 10시 17분. 하지만 타이머를 맞춘 순간, 그 시간은 "1분 뒤 글쓰기가 끝나는 시간"이 된다. 구글 타이머를 돌리는 순간, 내게 의미를 가져다주는 능동적인 시간이 된다.

조그맣고 네모난 타이머가 뭐라고, 돌리면 마음가짐이 달라진다. 이 시간만큼은 책에 몰입하자는 약속을 스스로에게 한 것처럼 빠져든다. 글을 쓰고 있는 지금도 구글 타이머는 돌아가고 있다. 18분 남았다. 그전까지는 무슨 일이 있어도 의자에서 일어나지 않는다. 아무리 몸이 쑤셔도 그 시간만큼은 쓰고 일어난다는 나와 한 무언의 약속이다.

세 번째, 독서에 물음표 달기. '내가 이 책을 왜 읽지?' 문학

작품을 읽으며 독서를 즐기는 분들은 예외다. 나와 같이 독서에 흥미가 없던 사람들이라면 독서를 하는 이유를 찾지 못한다. '읽어야 하니까 읽는다'라는 마음을 갖고 책을 대하면 10분도 버티기 힘들다. 혹시 책만 펼치면 졸음이 쏟아진다는 사람이 있다면, 물음표 없이 독서를 맹목적으로 시작하기 때문이다.

책을 읽는 목적은 사람마다 다르다. 인문학을 읽으며 지식을 쌓고 싶은 사람. 비즈니스 책을 읽으며 실무에 적용하려는 사람. 책 한 권을 다 읽었다는 성취감을 얻고 싶은 사람. 나도 3년 전에는 자기계발서를 주로 읽었다. '어떻게 하면 성공할 수 있을까?' 성공한 사람들의 이야기를 읽다 보니 졸 수가 없었다. 나도 성공하리라 다짐하면서 말이다. 지금은 어떨까? 글쓰기 책을 잔뜩 빌려와 읽고 있다. 어떻게 하면 책을 쓸 수 있을까 하는 욕망에서 시작했다.

핵심은 스스로에게 'Why'를 던지는 거다. '나는 왜 이 책을 읽고 있는가?' 가벼운 마음으로 책을 펼치더라도 그 시간만큼은 몰입해보자.

독서력이 자라면, 짧은 시간도 깊어진다

독서 습관을 들일 때 가끔은 독기도 필요하다. 이 책으로 인생을 바꾸겠다는 마음보다는 10분만큼은 책에 빠져든다는 마음이다. 『본능 독서』의 문장을 또 한 번 가져온다. "다독을 하든 한 권을 정해 우려먹든, 독서하는 순간만은 지금 읽고 있는 그 페이지에 마음이 있어야 합니다." 이 문장이야말로 독서의 본질이 아닐까.

하루 10분. 한 권을 읽기에는 부족한 시간이다. 주목해야 할 점은 시간의 양이 아닌 시간의 질이다. 책을 읽지 않던 시절의 하루 10분과 지금의 10분은 다르다. 글을 읽어내는 능력, 독서력이 달라졌다. 책에 쓰인 글자를 말 그대로 읽기만 했다면 지금은 글을 읽는 동시에 나의 생각을 읽는다. '그렇구나' 하고 끄덕이는 단계에서 발전하여 '그래서?' 하고 현실에서 어떻게 써먹을지 되묻는다. 독서의 농도가 짙어졌다.

매일 책을 읽다 보면 글씨를 쓰는 붓 자체가 달라진다. 붓으로 한 획을 긋더라도 5년 전에는 1제곱센티미터 두께의 선이 그어졌다면, 지금은 10제곱센티미터 두께의 선이 그어진다. 붓 끝이 두꺼워졌다. 100제곱센티 면적을 채우려면 5년 전에는 100번을 왔다 갔다 해야 했지만, 지금은 10번이면 된다. 시간이 부족하다고 걱정하지 말고 지금 이 페이지에 마음을 두어보자.

7

한 줄만 건져도
성공입니다

좋아서 시작한 책, 부담으로 다가오다

올해 4월, 북튜브를 시작했다. 채널명은 '책읽는어른'. 책이 좋아서 책으로 백 살까지 먹고살고 싶어서 시작했다. 이 시대에 책을 권하는 사람이라니, 멋져보였다. 그렇다고 누군가 "아이고 기특해라" 하며 용돈을 줄 나이는 아니었다. 나에게 기꺼이 돈을 줄 만큼 사람들에게 가치가 담긴 콘텐츠를 제공해야만 했다. 책을 읽으면서 어떤 콘텐츠를 만들지 계속 고민했다.

그러다 슬럼프가 찾아왔다. 좋아하는 일도 직업이 되면 싫어진다고 하는데, 사실이었다. 책이 좋아서 시작한 북튜브였는데, 부담이 밀려오기 시작했다. '이번 영상은 조회수가 괜찮을까?' '이 책을 추천하면 아무도 안 볼 거 같은데.' 평소에 느끼지 못했던 압박감이었다. 편한 마음으로 책을 대했던 날들에서 뭔가 마음 한구석이 찜찜한 날들로 변하고 있었다.

마음이 복잡했다. 내가 좋아하는 책을 읽어야 할지, 남에게 도움이 되는 책을 읽어야 할지. 고민은 점점 안으로 파고들어 갔다. 이렇게 살아가는 게 맞는 건지. 그냥 일은 따로 하고 독서는 취미로만 해야 하는 건지. 희망과 현실이 뒤엉켰다. 불면증이 왔다. 곤히 자고 있는 딸 옆에서 나는 눕지도 못한 채 혼자 생각에 생각만 이어갔다.

결국 생각에 체했다. 밥을 먹으면 내보내야 하듯이 생각도 흘려보내야 하는데 마음 한구석에 쌓아두기만 했다. 북튜브 콘텐츠를 만들어야 하는데 책이 도무지 눈에 들어오지 않았다. 며칠 동안 화장실에 못 가면 미치고 아픈 것처럼, 생각이 빠져나가지 않으니 터질 것만 같았다. 이러다 무슨 일이 생길까 걱정이 들기도 했다.

한 문장이 가진 힘

답답한 마음에 도서관으로 향했다. 이상하게 들릴 수도 있지만, 책 때문에 힘들어진 마음이 책 덕분에 풀릴 것 같았다. 종합자료실에서 서성이다 멈춘 곳은 다름 아닌 뇌과학 책 앞이었다. 갈증이 날 때 물을 찾게 되듯이, 마음이 힘들다 보니 저절로 마음을 치유하는 책을 찾았다.

에이미 브랜의 『지칠 때 뇌과학』. 제목이 눈에 들어왔다. 책을 꺼내 들었지만 다 읽을 자신은 없었다. 자리에 앉아 목차부터 대강 훑어봤다. 마음이 가는 부분을 발견했다. '스트레스 자가 체크리스트'. 51쪽을 펼쳐 한 문항씩 체크를 하고 몇 개인지 세어봤다. 결과는 '만성 스트레스'. 그리고 이어지는 작가의 한마디가 마음에 꽂혔다.

"지금의 마음 상태를 직시하고 그것을 한두 단어로 규정하는 것은 매우 큰 힘을 발휘한다."

단 한 줄이었다. 마음이 놓였다. 내가 요즘 힘들었던 건, 책을 읽지 못했던 건 내가 이상해서가 아니었다. 마음이 틀린 것도 아니었다. 나는 그저 '만성 스트레스'였을 뿐이다. 나를 더 밀어붙이려고 했던 건 스스로를 알지 못해서 온 착각이었다. 알고 보니 나는 지쳐 있었고, 나 자신을 놓아줘야 했다.

나는 항상 긍정적이고 에너지가 넘치는 사람이라 생각했다. 주변 사람들도 그런 나를 보며 "어떻게 항상 기분이 좋아?"라고 묻곤 했다. 나도 내가 만성 스트레스를 안고 살아가는 사람이었다는 것을 몰랐다. 책은 그런 나에게 말을 건네주었다. 지금 조금 아프다고.

마치 방 안에 흩어진 장난감을 한 상자에 담아 정리하듯, 내 머릿속을 떠돌던 걱정거리들이 '만성 스트레스'라는 단어 하나로 묶였다. 여태 내가 왜 잠을 못 잤었는지, 왜 매일 마음이 무거웠는지, 모두 만성 스트레스의 한 증상일 뿐이었다. 속이 다 시원했다. 한동안 방치했던 냉동실을 정리하는 기분이었다. 오래 묵혀둔 음식이나 필요없는 아이스팩을 버릴 때 느끼는 상쾌함 말이다.

우리는 열이 나거나 목이 아프면 깊게 고민하지 않는다. '왜 이러지?', '어떡하지?' 생각하기도 전에 동네 병원에 간다. 의사는 목구멍을 이러저리 살펴보고 한마디 건넨다. '단순 감기예요.' 마음이 놓인다. 해결책도 단순해진다. 물을 자주 마시고, 가습기를 틀고, 약을 챙겨 먹기만 하면 된다.

책도 그렇다. 세 시간 내내 읽지 않아도 내 마음을 들여다보는 단 한 문장을 만날 수 있다. 딱 한 줄만으로도 충분할 때가 있다. 꼭 책에서 거대한 메시지를 구할 필요가 없다. 마음이 힘들었던 내게 필요한 건 줄거리가 아니라 내 마음을 위로하는 단 한 문장이면 됐다.

감사하게도 책 역시 강요하지 않는다. 끝까지 다 읽어야만 의미가 있다고 하지 않는다. 책을 읽었으면 독후감을 쓰라고 잔소리하지 않는다. 이렇게 오늘 밤 한 문장을 읽은 덕분에 조금 더 편안하게 잘 수만 있다면, 책은 우리에게도 충분히 고맙다고 말한다.

한 줄이면 충분한 이유

여전히 책을 처음부터 끝까지 읽고 싶은 마음은 있다. 그래야 독서 기록을 남길 때 뿌듯한 마음도 든다. 하지만 가끔은 떡볶이 한 접시로 끼니를 때우고 싶은 날도 있는 법이다. 금요일 밤, 힘든 하루를 보내고 복잡한 반찬을 준비하기보다 배달음식을 시켜 먹고 싶은 마음처럼 말이다. 책도 그렇게 읽어보면 어떨까?

퇴근길에 도서관에 들러 한두 페이지만 읽고 집에 돌아가기. 최대한 얇은 책을 찾아서 한 시간만에 후딱 읽기. 기록은 남기지 않더라도 내 마음 한구석에 남기기. 그렇게 간단히 끼니를 채우듯 책을 읽는 날도 괜찮지 않을까?

글을 쓰다 보니 신입생 시절에 한 선배가 들려줬던 말이 떠오른다. 공연을 앞두고 동아리 선후배들과 기타 연습을 하던 날이었다. 합주가 끝나고 동그랗게 둘러앉아 소회를 나누기 시작했다. 그 선배 순서가 되어 말을 꺼냈다. "세영이가 오늘 제일 많이 늘었어."

스무 살이면 다 큰 어른인 줄 알았는데, 아니었다. 감동했다. 15년이 흘러 아저씨가 되어서도 이 말을 기억하는 걸 보면, 아직도 마음 한 구석을 따뜻하게 해주는가 싶다. 아마 그 선배는 그런 말을 했는지, 그리고 그 후배가 아직도 그 말을 잊지 못하는지도 모를 것이다.

책에도 그런 힘이 있다. 작가는 독자가 누군지도 모르고, 어디에 사는지도 모른다. 심지어 작가는 자신이 세상을 떠난 뒤에도 자신의 책이 읽힐지 어떨지도 상상조차 못한다. 하지만 독자는 작가의 한마디에 마음이 움직인다. 무심코 던진 문장 하나가 누군가에게는 평생 잊지 못할 기억이 된다.

그러니 책을 너무 거대한 마음으로 대하지 않았으면 한다. 꼭 이를 악물고 읽어야만 의미가 있다고 생각하지 않았으면 한다. 오히려 마음을 열고 편하게 읽을 때 문장이 마음에 스며든다. 그렇게 얻은 한 줄이 때로는 인생을 바꾼다.

고명환 작가는 『이 책은 돈 버는 법에 관한 이야기』에서 말했다. "수천 페이지가 넘는 『사기열전』을 읽고 남긴 한 줄은 '내가 남에게 준 것은 바로 잊어버리고 남에게 받은 것은 꼭 기억하고 살자'였다. 내 문장을 찾아야 한다. 딱 한 줄이면 된다. 욕심 부리지 말자. 한 줄만 가지겠다고 마음먹으면 오히려 여러 문장이 내 속으로 들어온다."

당신도 그런 경험이 있지 않은가? TV예능 프로그램 〈유 퀴즈

온 더 블럭〉을 보다가 할머니가 가볍게 던진 한마디에 마음이
울컥한 적이 있다. 어깨에 힘 좀 풀고 단 한 줄 건진다는 마음
으로 책을 대하자. 신기하게도 그런 날에 더 많은 문장들이 마
음에 달라붙는다. 그런 독서도 충분히 성공이다.

8

매일 못 읽어도
괜찮습니다

습관은 쉽게 사라지지 않는다

용기 내어 고백한다. 사실 엊그제도, 어제도 책을 읽지 못했다. 핑계야 많다. 주말에는 가족과 시간을 주로 보내는 데 에너지를 쓴다. 그래봐야 말 그대로 핑계일 뿐이다. 독서할 10분 정도는 언제든 낼 수 있다. 별다른 말 필요 없이 책을 '안' 읽었을 뿐이다. '그래도 괜찮다'는 말을 나도 듣고 싶다. 하루이틀 안 읽는다고 큰일 나지 않는다고 위로해주었으면 한다.

오늘처럼 당신 곁에 책이 있는 날에야 스스로에게 자신감을 불어넣을 수 있지만, 사람 일은 모른다. 독감에 걸려 일주일 동안 책을 가까이 하지 못할 수도 있고, 가족 누구라도 아프면 책에 마음을 온전히 둘 수 없다. 빠르게 달리던 자동차가 급히 멈췄을 때 몸에도 충격이 전해오듯, 잘해오던 독서가 멈췄을 때 우리는 다시 시작하기를 꺼려한다.

교실에서도 그렇다. 아이들에게 독서 습관을 남겨주고 싶은 마음에 66일 습관 프로젝트를 진행한다. 처음 일주일은 기세가 좋다. 하루 1분 책 읽기 정도는 누구나 할 수 있으니 아이들도 신이 난다. 문제는 그다음 주부터다. 하나둘 습관 활동지를 가져오지 않는다. 내가 활동지 이야기를 꺼내기만 하면 눈치를 보는 아이들이 많아진다. 일주일 동안 아무것도 안 한 것이다.

이때부터 '마태 효과'가 보인다. 부유한 사람은 계속 부유하고, 가난한 사람은 계속 가난한 것처럼, 습관의 차이도 점점 벌어진다. 습관을 멈춘 아이는 어제도 안 했고, 오늘도 안 하게 된다. '나는 실패한 사람'이라는 인식이 생기면서 오늘도 실패하는 걸 당연하게 여긴다. 반대로 꾸준히 습관을 만든 아이는 어제와 다름없이 계속해서 책을 읽는다. 시간이 지날수록 그 차이는 더 커진다.

아이들뿐 아니라 직장인이라면 누구나 공감할 것이다. 월요일 출근은 유난히 힘들지만 화요일부터 금요일까지 계속 하다 보면 익숙해진다. 그러나 주말에 잠시 쉬었다가 출근하는 월요일엔 다시 저항이 생긴다. '아, 가기 싫다.' 주말이 아니라 여행이라도 어디 다녀오면 더 심해진다. 원래 같았으면 눈물이 날 정도로 가기 싫진 않은데, 멈추었다 시작하려면 더 큰 저항이 생길 수밖에 없다.

점이 아닌 선: 우리는 이어지고 있다

매일 책을 읽지 않아도 괜찮다. 사실 매일 읽는 건 불가능에 가깝다. 생각을 바꾸자. 우리는 점이 아니라 선이다. 어제 책을 읽지 않았던 것도, 엊그제 읽지 않았던 것도 변하지 않을 사실이다. 단, 그것들은 하루하루를 뜻하는 점일 뿐이다. 나를 제대로 나타낼 수 있는 건 점이 아니라 선이다.

한 달 전부터 책을 읽고 있다. 오늘도 책을 읽고 있다. 맞다. 어제는 가족여행으로 책을 못 읽었다. 그럼에도 괜찮다. 책을 읽는 사람이라는 정체성은 하루에 혹은 일주일 만에 사라지지 않는다. 오늘 못 읽었다고 해도 내일은 또 읽을 것이고, 다음 달에 읽지 못하더라도 그다음 달에는 읽을 것이다. 정체성은 그렇게 점 하나로 쉽게 이리 갔다 저리 갔다 하지 않는다.

횡단보도를 건너는 한 사람을 본다. 그는 아무 말도 하지 않았고 나와 아는 사이도 아니다. 그런데 나는 알고 있다. 그는 경찰이다. 어떻게 알았을까? 발끝부터 모자까지 그가 경찰이라는 것을 말해준다. 형광색 조끼, 모자에 새겨진 경찰 마크까지. 회사에서 사원들에게 유니폼을 나눠주는 것도, 정장을 입고 출근을 해야 하는 것도 모두 이 정체성의 힘 때문이다. 옷을 입는 순간, 집에서 딸아이에게 아침을 차려주던 아빠에서 경찰로 바뀐다.

우리는 '책을 읽는 어른'이다. 한 달에 책 한 권 안 읽었다고 해서 나는 책을 읽는 사람이라는 정체성에는 변함이 없다. 우리는 다시 책을 펼칠 것이고, 서점에서 읽고 싶은 책을 고르며 행복한 마음으로 나올 것이다. 왜냐하면 우리의 선은 끊어지지 않으니까.

인생은 반복이다

"인간은 누구나 두 장의 잘못 놓인 벽돌을 갖고 있다. 그러나 우리 각자 안에는 그 잘못된 벽돌보다 완벽하게 쌓아 올린 벽돌이 훨씬 많다. 이것을 아는 순간, 상황은 그다지 나쁘지 않게 된다."

『술 취한 코끼리 길들이기』 중에서

주말에 도서관에 들려 책을 읽었던 날, 피곤해도 기어코 한

장이라도 읽으려고 노력했던 날을 더 애틋하게 바라봐야 하지만, 현실은 그렇지 않다. '어제도 맥주 마시다가 그냥 잤네. 거봐, 책은 아무나 읽는 게 아니야.' 멀쩡하게 쌓아놓은 98개의 벽돌은 보지 못한 채 깨진 벽돌 두 장이 눈에 들어온다. 그리고 저 깨진 벽돌을 고칠 수 없다는 생각에 나머지 벽돌도 대충 쌓기 시작한다. 절대 그러지 않아도 되는 사람인데.

정말이다. 나도 그렇고 당신도 그렇고, 정말 그러지 않아도 된다. 인생 초짜지만 삶을 꿰뚫는 문장 하나를 발견했다.

'인생은 한 방이 아니다. 반복이다.'

경제학에서건 인문학에서건 고전에서건 대가들은 모두 반복을 강조한다.

- 워런 버핏: "오늘의 투자자는 어제의 성장으로 수익을 내지 않는다."
- 『행복의 기원』의 서은국 교수: "행복은 강도가 아니라 빈도다."
- 『월든』의 헨리 데이비드 소로: "발자국 하나로 길이 나지 않듯이, 한 번의 생각으로 마음의 길을 만들 수는 없다. 길 하나를 뚜렷이 내는 데에도 수없이 많은 발걸음이 필요하다. 우리는 마음의 길을 깊숙이 내기 위해 인생을 지배할 만한 생각을 끈질기게 반복해야 한다."

이들은 모두 사람을 보는 사람들이다. 사람은 한 번에 돈을 얻을 수도, 행복을 얻을 수도, 마음을 얻을 수도 없다. 이는 우리처럼 가끔 실패하는 사람들에게도 위로가 된다. 한두 번 실패했다고 인생이 망하지 않는 것처럼, 독서 습관도 절대 사라지지 않는다.

책을 즐기는 우리에게 그 정도의 틈 정도는 괜찮지 않을까? 당신도 나도 '책을 읽는 어른'이라는 선을 계속 이어가고 있으니까.

3장

독서가
일상이 됩니다

1

작심삼일은
인간미입니다

우리는 따뜻한 마음씨를 가진 사람이다

큰일이다. 분명 지각이다. 몸은 지하주차장에 있지만, 차 키가 집에 있다는 사실을 깨달았다. 분명 가방에 넣었다고 생각했는데. '키를 어디에 뒀지?' 생각하며 재빨리 엘리베이터 버튼을 누른다. 누구나 한 번쯤 겪어본 출근길의 악몽이다.

왜 이런 일이 생길까? 우리는 인간미가 넘치는 사람들이기 때문이다. 컴퓨터는 아무리 용량이 커도 파일명을 검색하면 단번에 찾을 수 있다. 하지만 사람은 그렇지 않다. 손수 발품을 팔아야 한다. 어제 입었던 옷을 뒤지고, 가방 속을 확인한다. 그때 옆에서 아내나 남편이 한마디 던진다.

"그럴 줄 알았어." 빈틈 있는 사람을 두고 "사람 냄새가 나서 좋다"라는 말을 이렇게 표현하는 것 같다.

그렇다고 모든 사람이 아내처럼 지각하는 나를 따뜻하게 대할 리는 없다. 차 키를 절대 까먹지 않는 방법은 뭘까? 답은 의지력이 아니다. 노력을 믿지 않는다. 대신 시스템을 믿는다. 우산은 항상 우산 꽂이에 있다. 덕분에 우리는 우산을 찾으려고 애쓰지 않는다. 차 키도 마찬가지다. 마땅한 장소, 마땅한 시간을 정하면 된다.

나는 차 키를 항상 냉장고 옆 바구니에 둔다. 여름이면 가방에서, 겨울이면 두꺼운 패딩 주머니에서 꺼내어 바구니에 넣는다. 눈이 오나 비가 오나, 차 키는 늘 그곳에 있다. 그리고 매일 아침, 출근 전에 바구니로 간다. 거기엔 차 키가 기다리고 있고, 신분증도 있다. 따로 생각할 필요가 없다. 바구니를 보면 출근에 필요한 것들이 한눈에 들어온다. 이게 바로 시스템이다.

우리는 기계가 아니다. 우리는 사람이다. 작심삼일은 따뜻한 인간이라면 갖춰야 할 기본값이다. 독서 습관을 3일 만에 포기한 게 아니라 3일이나 유지했다고 스스로에게 칭찬해줘야 한다. 우리의 의지력은 거기까지다.

답은 시스템이야

시스템은 우리 삶 곳곳에 존재한다. 두 돌 된 딸아이를 키우다 보니 집안 곳곳이 시스템이다. 전기밥솥이 뜨거우니 조심하라고 굳이 말하지 않는다. 아이 손에 닿지 않는 곳에 올려놓는다. 식탁 모서리를 조심하라는 잔소리도 하지 않는다. 대신 다이소에서 2천 원짜리 모서리 방지 쿠션을 사서 붙인다.

시스템은 여러모로 가격 대비 효과가 좋다. 모서리 방지 쿠션은 2천 원. 아이에게 매번 해야 할 잔소리? 값을 매길 수 없을 만큼 비싸다. 잔소리는 끝이 없다. 아이가 식탁에 올 때마다 해야 한다. 다치지 않는다면 다행이지만, 아이 일은 모른다. 어느 날 운이 나쁘면 다칠 수도 있다. 내가 잘 돌보지 못했다는 죄책감에 감정 에너지도 쓴다.

시스템이 없으면 몸이 고생한다. 시스템의 위력은 앞으로도 누누히 얘기하려고 한다. 독서가 일상이 되려면 시스템이 필요하다는 것을 몸소 깨달았기 때문이다.

2024년은 내게 황금 같은 시간이었다. 육아휴직을 하는 1년 만큼은 읽고 싶은 책을 읽고, 책으로 나만의 브랜드를 만들기로 다짐했다.

출근길을 바꿨다. 어린이집에 아이를 데려다주고 집으로 돌아오지 않았다. 곧장 헬스장으로 갔다. 운동을 마친 후 도서관을 들렀다. 책을 꼭 읽지 않아도 신간 코너를 둘러보며 흥미로운 책을 찾았다.

스마트폰을 바꿨다. 새로운 기계를 산 게 아니라 새로운 환경을 준비했다. 배경화면에 서평 블로그를 모아뒀다. 그냥 스마트폰을 켰을 뿐인데 나도 모르게 서평 하나를 읽고 있다. 블로그 말고도 재밌는 어플이 수두룩한데, 한번 서평을 읽기 시작하니 뇌가 신호를 보낸다. "계속해."

의지력에 의지하지 말고, 시스템에 의지하자

이렇게까지 시스템을 바꾼 이유는 뭘까? 나는 내 의지력을 믿지 않는다. 뉴스만 잠깐 보려 했는데 어느새 스포츠 탭에서 페이커 경기 결과를 확인하고 있다. 손흥민 이적설을 클릭하고, 또 다른 뉴스를 보고 있다. 역시나 뇌가 신호를 보낸다. "더 봐. 아주 쭉 봐."

독서에서 게임으로, 독서에서 쇼츠로 넘어가는 순간 의지력을 써야 한다. 한두 번은 다시 마음을 잡고 독서로 돌아오겠지만, 스마트폰을 켤 때마다 같은 일이 반복된다면? 결국 의지력도 버티지 못하고 바닥난다. 우리는 또다시 작심삼일하는 따뜻한 인간이 된다.

사람을 볼 때도, 투자 종목을 볼 때도 중요한 건 신뢰다. 믿을 만 해야 한다. 그래야 기꺼이 상대방에게 마음을 내어주어 사랑하고, 피 같은 내 돈을 믿고 투자할 수 있다. 그런 면에서 시스템은 의지력보다 믿을 만하다. 마음처럼 쉽게 변하지 않고, 한번 만들어두면 별다른 에너지도 들지 않는다.

'하루 10분 습관'을 만들었던 2장이 독서의 시작이라면, '독서 시스템'을 만드는 3장은 독서의 지속성이다. 힘들이지 않고 독서를 일상으로 만드는 방법을 소개한다. 이는 어디에서 배웠다기보다 책을 가까이 하고 싶었던 나만의 노하우를 모아놓은 자료다. 고객 맞춤형 노하우는 아니지만, 당신에게 맞는 시스템은 꼭 챙겨갔으면 한다.

하나만 기억하고 가자. 사람이 사는 곳 어디를 가더라도 사람이 하는 일보다 시스템이 하는 일이 많다는 것을 말이다. 당신이 어떤 시스템을 만들지, 아니면 그냥 지나칠지는 당신의 선택이다. 하지만, 시스템으로 당신의 하루가 결정되고 인생이 바뀐다는 것은 선택의 여지가 없다. 나도 그렇고, 당신도 그렇고 우리는 시스템 안에서 살아간다.

2

|

첫 번째 시스템:
스마트폰, 이렇게 든든할 수가 없습니다

스마트폰을 이기려 들지 말자

나는 하루 종일 스마트폰과 함께 산다. 부끄럽지만 화장실에서도 붙들고 있다. 어디를 가든 주머니에 넣고 다니고, 잠자리에서 충전기에 꽂기 전까지 절대 혼자 두지 않는다. 위에서 누가 내려다보면 스마트폰 집착증에 가까워 보일지도 모른다. '어, 나는 분명 책을 좋아하는 사람인데.'

그렇다. 책을 좋아하지만 사실 스마트폰도 좋아한다. 그리고 앞으로도 스마트폰을 좋아할 예정이다. 『손자병법』에서 말한다. "이길 수 없는 싸움은 하지 않는다." 수적으로 밀렸던 이순신 장군이 23번의 전투에서 모두 승리를 거뒀던 비결이다. 강자가 강자가 된 이유는 이길 수 없는 싸움은 피하고 이길 수 있는 싸움에 힘을 집중했기 때문이다.

스마트폰은 독서 습관을 방해하는 가장 강력한 적이다. 그렇다면 이 싸움에서 이길 수 있을까? 현실적으로 스마트폰을 창고에 넣고 1년을 살 수 있을까? 불가능하다. 그렇다면 전략을 바꾸자. 스마트폰을 하지 않는 것이 아니라, 스마트폰을 내 편으로 만드는 것이다.

머리를 짧게 자른다. 벚꽃이 핀다. 이사를 간다. 이들의 공통점은 '변화'다. 그리고 그 변화를 보는 우리의 마음도 변한다. 긴 머리를 짧게 자르며 새로운 마음으로 하루를 시작하고, 벚꽃을 보며 마음에도 찾아오는 봄을 맞이한다. 새로운 곳으로 터를 옮기며 새 사람이 된 것처럼 마음도 새로워진다. 이처럼 변화는 에너지를 가져다준다.

스마트폰에도 변화를 주자. 아예 리셋이다. 이사 한번 하려면 신경 쓸 게 여러모로 많다. 주변 입지도 봐야 하고, 돈도 따져봐야 한다. 반대로 스마트폰을 리셋하는 건 간단하다. 작은 변화만으로도 스마트폰을 대하는 태도가 달라질 것이다. 스마트폰이 내 편이 되는 방법 두 가지를 소개한다.

거실 갈아엎기: 스마트폰 홈화면 재배치

거실은 집의 중심이다. 현관문을 열자마자 보이는 곳이며, 생활의 대부분이 이루어지는 공간이다. 스마트폰의 거실은 어디일까? 바로 잠금화면을 풀면 가장 먼저 보이는 화면이다. 당신의 스마트폰 거실에는 어떤 앱이 자리하고 있는가?

우리 집에 온 걸 환영한다. 거실에는 다섯 개의 앱이 보인다. 전화, 카톡, 노션, ChatGPT, 카메라. 화면 맨 아래쪽에 있는 앱으로 가장 많이 쓰이는 것들이다. 네이버나 다음 같은 포털 사이트 앱은 없다. 이유는 단순하다. 나의 나약한 의지 때문이다. 아무리 스마트폰 사용을 줄이자고 다짐해도 네이버를 켜면 자동으로 뉴스 속보와 스포츠 기사를 본다. 클릭하지 않으려 해도 눈에 보이면 손이 간다. 그 대가는 엄청나다.

스마트폰 맨 아래에 어떤 앱이 있는지가 중요하다. 가장 자주 쓰면서도 무의식적으로 클릭하는 앱이기 때문이다. 싹 갈아엎었다. 구글이나 네이버에 시간을 빼앗기는 대신 나에게 이로운 앱으로 채웠다. 예를 들면 이렇다.

- 노션: 올해 목표와 독서 기록을 정리하는 공간
- ChatGPT: 요즘 나의 소울메이트
- 알라딘, 교보문고, YES24: 서점에 들어간 느낌을 준다

꼭 이것이 정답은 아니다. 거실에 놓인 올리브 한 그루가 마음을 정화하듯, 당신의 마음을 산뜻하게 해주는 앱으로 스마트폰 거실을 만들어보자. 들어서자마자 기분이 좋아지는 그런 앱으로 온통 말이다.

추천하고 싶지는 않지만, 스마트폰 화면에 서평 블로그나 독서 유튜브로 가득 채우는 방법도 있다. 어디를 클릭해도 독서로 연결되는 그런 마법과 같은 공간이다. 물론, 부작용도 있다. 가끔 이런 질문을 받기 때문이다. "뭐가 그렇게 화면에 초록색이 많아요?"

독서 모드: 방해 금지와 검색 위젯 활용

비행기 모드는 비행기 운항 중 혹시 모를 전파 문제를 피하기 위함이다. 이를 독서에도 적용했다. 마음잡고 책을 읽는데 진동이 울린다. 확인하고 싶지 않지만, 순간 이런저런 생각이 든다. '내일 약속 때문에 연락했나?' '아, 오늘 두부 사야 했는데.' 모처럼 책에 몰입하는 순간이었는데 흐름이 뚝 끊긴다. 확인하면 별일도 아닌 광고 메시지였지만 말이다.

책을 읽을 때만큼은 스마트폰을 멀리하자. 급한 연락을 놓칠까 봐 걱정될 수도 있지만 평생 동안 사자에게 쫓기는 운명으로 태어난 얼룩말도 계속 초조해하지는 않는다. 물을 마실 때는 마시고, 걸을 때는 걷는다. 그렇지 않고 매일 사자가 나타날까 걱정한다면 대부분의 얼룩말들은 위경련으로 일찍 생을 마감할 것이다. 우리도 독서할 때만큼은 책에 온 마음을 던져보는 건 어떨까.

독서 모드다. 이 시간만큼은 오로지 책과 나 둘만이 존재한다. 나의 독서 모드에는 애초에 사자가 올 수 없다. 카톡 알림을 꺼놨기 때문이다. 급한 일은 전화로 오기 마련이다. 독서가 끝나면 쌓여 있던 카톡을 하나씩 확인하고 답장을 보낸다. 불시에 찾아오는 사자는 얼룩말보다 더 예민한 나에게는 견디기힘든 일이다. 나만의 독서 모드 방식이다.

또 다른 방법은 검색 위젯 활용하기다. 검색 한번 하려고 네이버에 들어가면 메인 뉴스와 광고, 온갖 속보가 눈길을 붙잡는다. 이렇게 불필요한 정보를 피하려면 홈화면에 '검색 위젯'을 설치하는 게 좋다. 안드로이드 기준 배경화면을 길게 누르면 하단에 뜨는 '위젯' 메뉴에서 '검색창'을 선택해 배치하면 된다. 이제 궁금한 걸 검색할 때 바로 위젯을 누르면 여러 유혹을 피해갈 수 있다. 작은 시스템 하나가 '나는 검색만 하고 빨리 나갈 거야'라는 결심을 적극 도와준다.

지금까지 스마트폰 거실 갈아엎기와 방해 금지 모드 설정을 소개했다. 혹시 이런 생각이 들지도 모르겠다. '작가 양반, 책

하나 읽겠다고 이렇게까지 해야 합니까?' 이는 꼭 독서 하나만을 위한 시스템은 아니다. 사람은 자신이 주도권을 가지고 인생을 살아갈 때 행복을 느낀다. 스마트폰 시스템을 바꾸는 것은 곧 나의 생각에 대한 주도권을 갖겠다는 의지다. 어떤 기업도, 누구도, 내 시간을 흔들게 두지 않겠다는 선언이다.

지금 당장 스마트폰을 꺼내 잠금화면을 풀어보자. 거실을 정리하듯 홈화면을 다시 배치해보자. 이 작은 변화만으로도 삶이 달라지는 경험을 할 수 있을 것이다. 스마트폰은 적이 아니다. 나의 가장 강력한 아군이다.

두 번째 시스템:
퇴근과 동시에 노란 경계선을 긋습니다

짧은 런닝이 준 마음의 변화

3년 전이었다. 퇴근 후 습관처럼 늘 하는 운동이 있었다. 집에 들러 가방을 내려놓자마자 곧장 현관으로 갔다. 런닝화로 갈아 신고 향한 곳은 아파트 옆 오르막길. 100미터 남짓한 짧은 길이지만 경사가 있어 초보자였던 나에게 딱 맞았다. 손목시계의 스타트 버튼을 누르고 달렸다. 한여름에도, 눈이 내려 길이 미끄러운 날에도 뛰었다. 매일 뛰었던 것도 사실이지만, 고작 2킬로미터를 뛰었던 것도 사실이다.

처음 달리기를 시작한 이유는 체력을 끌어올리기 위해서였다. 예비 아빠에게 강인한 체력은 필수 조건이라 익히 들었기 때문이다. 막상 한 달 두 달 뛰어보니 예상치 못한 소득을 발견했다. 어쩌면 체력보다 더 큰 수확이었다. 다름 아닌 마음가짐이다. 평소 같았으면 퇴근을 해도 여전히 직장인의 마음으로 집에서 시간을 보냈다. 요즘 학급 분위기가 왜 그러는지, 다음 달에 있을 학예회는 또 어떻게 준비할지. 학교 일을 떨쳐내기 어려웠다.

그런 내게 러닝은 노란 경계선이었다. 초등학교 교사와 '나'를 확실히 구분 짓는 노란색 선. 조금 전까지는 교실에서 아이들을 가르치던 교사였지만, 러닝화를 신는 순간부터 더 이상 교사가 아니었다. 사회에서 나를 어떻게 불러도 상관없었다. 달리고, 책을 읽고, 블로그에 기록을 쌓고 있는 '나'의 진짜 모습으로 변했다.

솔직히 말하지만, 가끔은 달리는 중에도 잔걱정이 떠오르곤 했다. 수업 중에 있던 문제나, 학교에서 해결 못 한 일들이 머리를 스쳐 지나갔다. 옷에 묻은 얼룩이 바로 지우면 없애기 쉽지만 시간이 지나면 흔적이 남듯이 말이다. 하지만 5분이 지나고 10분이 지나면서 움직이는 몸을 따라 생각도 움직였다. 마치 웅크린 생각을 흔들어 떨어뜨리는 느낌이랄까. '나'를 중심으로 생각이 조금씩 바뀌었다.

경계선이 바꾸는 정체성

가끔 아내가 묻는다. "당신은 어떻게 회사 일을 그렇게 **빨리** 잊어?" 아내도 초등학교 교사라 저녁을 먹을 때면 어김없이 학교에서 있었던 일들을 털어놓는다. 여느 회사도 마찬가지겠지만, 사람을 미쳐버리게 만드는 사건들이 하루에 한두 건씩 생긴다. 아무리 사명감으로 일하는 교사직이지만 '내'가 온전히 정신을 붙들지 못하면 무슨 의미가 있겠나. 누구나 그렇듯 회사 일을 빨리 떨쳐내고 편히 쉬고 싶지만 쉽지 않다.

데이먼 자하리에데스의 『멘탈이 강해지는 연습』에 따르면, 극강 훈련을 받은 네이비실도 두려움 자체를 없앨 순 없다고 한다. 대신 그들은 두려움을 다루는 방법을 배우고 꾸준히 연습한다. 두려움이 그들을 좌지우지하지 않도록 만드는 것이다. 네이비실조차 두려움을 느낀다는데, 평범한 내가 정신력만으로 회사 일을 떨쳐내긴 역부족이었다.

본능적으로 뛰고 싶었다. 회사 일을 떨쳐내고 온전히 '나'에 집중하려면 정신력만으로는 부족하다는 생각이 들었다. 명상 같은 마음 치유를 배웠다면 또 모르지만, 일단 몸을 움직이는 걸로 선택했다. 그렇게 런닝은 나만의 공간을 지켜주는 시스템이 됐다.

런닝 시간은 15분 남짓. 2킬로미터 달리기를 '런닝'이라 부르는 것도 웃기긴 하다. 남들은 10킬로미터를 뛴다는데 고작 2킬로미터라니. 작게 시작해야 꾸준히 갈 수 있음을 그때도 알고 있었다. 10킬로미터는 체력도 시간도 부담이 컸고, 짧게라도 매일 달리는 편이 훨씬 낫다고 판단했다.

꼭 런닝이 아니어도 된다. 독서도 좋다. 온전히 빠져들 수 있는 몸과 마음 상태만 만들면 충분하다. 바짓가랑이를 붙잡고 놓아주지 않는 걱정을 단숨에 떨쳐낼 나만의 경계선. 중요한 건 행동의 크기가 아니다. 행동에 어떤 의미를 부여하느냐가 핵심이다. 그 의미가 나의 정체성이다.

누구라도 한 번쯤은 경계선을 만들어본 적이 있다. 바로 여행이다. 여행을 떠나는 순간 회사 일이든 자잘한 걱정이든 단번에 끊어낼 수 있다. 비행기 창밖의 구름을 보는 순간 정체성은 바뀐다. 직장인에서 자유인으로. 앞만 보던 경주마에서 구름 한 점에도 감동하는 문학가로. 여행만큼 정체성을 바꾸는 확실한 시스템은 없다. 그렇다고 내일도, 모레도 여행만 다닐 수는 없는 게 현실이다.

일상에 과속방지턱을 깔아보자. "이곳은 보행자가 많으니 속도를 줄이세요"라고 목이 터져라 외칠 필요가 없다. 과속방지턱만 만들어 놓으면 사람들은 알아서 속도를 줄인다. 이게 시스템이다. "회사 생각 좀 그만해. 어차피 다 지난 일이잖아"라고 잔소리하는 건 내 목만 아플 뿐이다. 되뇌다 보면 이미 아물었던 마음에 또 상처가 날 수도 있다. 시스템은 억지로 애쓸 필요 없다. 노란 경계선만 그으면 된다.

회사 생각에서 벗어나는 두 가지 방법

직장인이던 내가 자기계발하는 '나'로 정체성을 바꾸는 방법은 크게 두 가지다. 첫 번째, 퇴근 후 나만의 루틴을 만든다. 회사를 다니는 사람이라면 직장인이라는 정체성에서, 아이를 돌보는 사람이라면 부모라는 정체성에서 벗어나는 시스템이다. 퇴근 후 런닝이 바로 여기에 속한다.

누군가는 '아빠'와 '사업가'의 경계를 짓기 위해 자동차 문을 시스템으로 활용했다. 아이를 유치원에 데려다주고 차로 돌아와 문을 닫는 순간 세 번 외친다. "나는 사업가다! 나는 사업가다! 나는 사업가다!" 별것 아닌 습관처럼 보여도 거기에 어떤 의미를 부여하느냐가 중요하다.

두 번째는 책에 나를 가둬버리는 방법이다. 책 말고는 할 수 있는 게 없는 환경으로 들어가는 것이다. 『공부머리 독서법』의 최승필 작가는 "책 읽는 데 에너지를 쓰지 마세요. 대신, 도서관 가는 데 에너지를 쓰세요"라고 말했다. 도서관에 들어가는 순간 온통 책뿐이다. 서가를 빼곡히 채운 책에다 책을 몰두

한 사람들과 특유의 공기까지 책을 안 읽으려야 안 읽을 수 없게 만드는 시스템이다. 게다가 한 권이라도 대출했다면 반납을 위해 또 와야 하니 자연스럽게 독서를 이어가는 강제 시스템이 만들어진다.

시스템이 좋은 이유는 일단 만들어두면 선순환을 일으킨다는 데 있다. 도서관에 가면 대출하고, 대출했으니 반납해야 하고, 반납만 하긴 아쉬워 또 다른 책을 꺼낸다. 퇴근 후 런닝도 마찬가지다. 땀 흘리고 샤워하고 나면 개운해진다. 밥맛도 좋아지고 소화도 잘된다. 아내에게, 딸에게 따뜻한 말 한마디 더 전할 수 있다. 이는 또 다른 선한 에너지를 가져온다.

시스템은 상황에 따라 변한다. 딸이 태어난 뒤부터 퇴근 후 런닝은 사라졌다. 쌓여 있는 집안일만 해도 금세 저녁이 되고, 아이와 놀아주다 보면 어느새 재울 시간이 온다. 결국 밤 아홉 시나 돼야 런닝에 나선다. 회사에 육아에 정체성이 뒤섞여 복잡해질 때는 10분이라도 뛰고 온다. 맑은 정신으로 '나는 〈책읽는어른〉이라는 브랜드를 만들어가는 사람'이라는 정체성이 다시금 바로 선다.

독서는 결국 고독을 다루는 과정이다. 나 자신과 조용하게 온전히 마주치는 시간. 고요히 흐르는 시간에 잡음이 하나둘 들어오기 쉽다. 회사 일에 허덕이다가 돌아온 사람이 맨정신으로 책에 빠져들 수 있을까. 하루 종일 아이를 돌보고 '육퇴'한 뒤 독서에 쏟아부을 정신이 남아 있을까. 선을 긋자 그쪽은 댁이 알아서 하시고, 이제부터는 독서하는 '나'가 존재한다고 스스로에게 선언하자. 나만의 노란 경계선, 당신은 이제부터 '독서가'다.

4

세 번째 시스템:
곳곳에 스위치를 배치합니다

우리는 보이는 대로 산다

열 명 중 아홉은 모르는 사실 하나. '사람은 생각하는 대로 사는 것보다 보이는 대로 살아갈 확률이 높다.' 무슨 말일까? 내가 주저리주저리 떠드는 것보다 한 실험을 보여주는 것이 이해하기 쉽다.

A와 B 두 그룹으로 나누어 몸무게 변화를 측정한 실험이다. 두 그룹의 차이점은 단 하나, 냉장고 문을 열었을 때 어떤 음식이 가장 먼저 보이느냐였다. A그룹은 사과나 토마토 같은 과일, 채소가 냉장고 맨 앞 칸에 있었고, B그룹은 탄산음료와 고

칼로리 음식이 앞자리를 차지했다. 몇 주 뒤 두 그룹의 체중 변화를 측정했다. 예상대로 탄산음료가 보이는 냉장고를 사용했던 B그룹이 채소를 봤던 A그룹보다 체중이 더 많이 늘어 있었다. B그룹은 그저 냉장고 문을 열었을 뿐이고, 눈에 보이는 탄산음료를 아무 생각 없이 꺼내 마셨을 뿐이다. 철저히 '설계'된 냉장고가 그들을 손바닥 위에서 움직이게끔 만들었다.

이 실험은 시스템 설계가 얼마나 무서우면서도 놀라운 일인지 보여준다. 우리는 스스로 생각하는 대로 살아간다고 믿었지만 실제로는 보이는 대로 살아가고 있었다. 더 무서운 건, 우리가 지금 이 순간도 그 사실을 알아채지 못한 채 살고 있을 수도 있다는 점이다. 마치 영화 〈트루먼 쇼〉에서 주인공에게 일부러 특정 장면들을 '보여주면서' 그에 따라 물건을 사게 하고, 특정한 여인을 '보여주면서' 결혼까지 하게 만드는 무서운 시나리오처럼 말이다.

현실로 돌아오자. 우리는 트루먼이 아니다. 세상은 우리에게 그렇게 많은 관심을 줄 정도로 한가하지 않다. 안심하고 하나씩 시스템을 뜯어 고쳐보자. 예컨대 우리가 책보다 스마트폰을 훨씬 자주 들여다보는 이유는 뭘까? 스마트폰이 자꾸 눈에 띄기 때문이다. 밥 먹을 때도 숟가락 옆에, 잘 때도 베개 곁에 두니 자연스럽게 손이 간다. 반대로, 책을 보지 않는 이유는 뭘까? 책은 눈에 보이지 않는다. 절대 우리가 귀찮아서, 시간이 없어서 안 보는 게 아니다. 그저 독서 시스템이 없었을 뿐이다.

시각 신호로 습관을 바꾼다

"습관은 모두 어떤 신호에 의해 시작된다."

『아주 작은 습관의 힘』 중에서

우리는 대개 동기가 없으면 행동하지 않는다. 어딘가에서 어떤 신호를 느꼈기 때문에 행동한다. 그중에서 시각적 신호는 특히 강력하다. 마치 나는 친구를 따라 화장실에 들어갔을 뿐인데 갑자기 생리적 신호를 느껴 소변기로 향하는 것과 비슷하다. 화장실이라는 공간이 주는 시각적 신호가 내 몸에 반응을 일으키는 것이다.

이 사실을 종종 쉽게 넘어가서 오해하기도 한다. 예를 들어, 카카오톡을 자주 확인하는 이유가 꼭 연락에 집착해서만은 아니다. 메시지가 오면 빨간색 표시가 뜨도록 설계한 회사의 전략에 반응하고 있을 뿐이다. 빨간색만큼 시각적으로 눈길을 끄는 색도 드물다. 유튜브나 인스타그램, 블로그, 틱톡 등도 마찬가지다. '좋아요'를 누르면 알록달록 효과가 나타나고 계속해서 "나 좀 봐줘!"라고 시각적으로 신호를 보낸다.

'Out of sight, out of mind(눈에서 멀어지면 마음에서도 멀어지는 법)'. 내게 유산균이 꼭 그렇다. 2개월 전, 이번에야말로 유통기한 내에 다 먹겠다는 마음으로 구매했다. 남은 건 '먹기'다. 이보다 쉬운 행동은 없다. 그런데 이보다 어려운 행동 역시 없다. 컴퓨터 책상 옆에 둔 유산균은 두 달이 지나도 양이 줄어들지 않았다. 눈에 들어오지 않으니 자연스레 잊어버렸다.

매일 유산균을 챙겨먹을 수 있는 방법은 뭘까? 'In of sight, in of mind(눈에 보이면 마음에도 들어온다)'. 유산균을 컴퓨터 옆이 아닌 식탁에 올려놓았다. 아이의 어린이집 식판을 매일 아침 챙길 때 식탁에 놓인 유산균도 눈에 들어온다. 10초도 안 걸려서 바로 꺼내 먹을 수 있다. 유산균을 위한 간단한 '시각적 스위치'를 만든 셈이다.

수컷 공작이 필요 이상으로 화려한 깃털을 갖는 이유 역시 '보이기 위해서'다. 아름다운 깃털은 암컷에게 강렬한 시각적 신호가 되고, 그 순간 사랑으로 발전할 가능성이 높아진다. 물론 그만큼 맹수에게도 눈에 잘 띈다. 그렇다고 맹숭맹숭한 털만 가진 채 살아간다면 맹수에게는 물론 암컷에게도 눈에 띄지 않을 확률이 높아진다. 시각적 신호는 생각보다 굉장히 중요하다.

책을 읽겠다고 야단스럽게 스위치를 꾸밀 필요까지는 없다. 책을 곳곳에 놓아두기만 하면 된다. 예컨대 지금 내 책상 옆에는 이재형 작가의 『발가벗은 힘』이라는 책이 놓여 있다.

어디에 책을 두면 좋을까? 자주 다니는 공간이면 어디든 괜찮다. 앞장에서 언급했듯, 차 안에 한 권 넣어두는 것도 방법이다. 출퇴근할 때 차에 있는 책을 힐끗 보기만 해도 '나는 책을 읽는 사람'이라는 정체성을 떠올리게 된다. 회사에서도 마찬가지다. 꽂아둔 지 오래된 책이 있다면 치우고 새 책을 하나 사서 꽂아보자. 그러면 일하다가 문득문득 책을 펼쳐볼 수도 있다.

내가 자주 쓰는 또 하나의 시스템은 '가방에 책 한 권 넣어두기'다. 누군가를 기다려야 하거나, 미용실처럼 무료한 시간을 보내는 장소에 갈 때마다 그 책이 스위치 역할을 한다. 스마트폰을 보며 별 의미 없이 흘려보냈을 시간을 짧게라도 책을 읽으며 의미 있는 시간을 보내도록 바꿔준다.

처음 독서 습관을 만들 때는 냉장고 문 등 눈에 잘 보이는 곳에 '독서 기록표'를 붙이는 것도 괜찮다. 날짜만 적어두고 하루 10분 읽으면 동그라미나 스티커를 붙이는 식이다. 시각적으로 뿌듯함을 느낄 수 있고, 그렇게 하나씩 쌓이는 기록 자체가 독서 활동을 지속하게 해주는 스위치가 된다. 다 큰 어른에게 주는 칭찬 스티커 같은 느낌이라고 할까. 이 부분은 4장에서 좀 더 자세히 다룰 예정이다.

어른의 모습은 아이의 스위치

조금 극단적인 예이지만, 우리 집에는 TV가 없다. 전적으로 나의 욕심으로 벌어진 일이다. TV를 켜지 않아도 존재 자체가 이미 'TV 시청'이라는 행동에 불을 붙인다는 내 편견 때문이었다. 다행히 너그러운 아내가 이를 받아주었지만, 지금은 26개월인 딸아이가 조금 크면 불만을 제기할 가능성도 높다. 그때까지 책 스위치를 더 만들어야겠다.

집에 아이들이 있다면 더더욱 스위치를 배치해보자. 꼭 책이 아니어도 좋다. 거실에서 책을 펼쳐 든 아빠의 모습이 그대로 스위치가 된다. 저녁 아홉 시에 맥주 한 잔을 들고 책 읽는 엄마 모습에 아이가 묻는다. "책이 그렇게 재밌어?"

사실 책보다 중요한 건 책을 읽는 어른의 모습이다. 아들에게, 딸에게 "책 좀 읽어라"라는 말은 오히려 의욕을 꺾는 스위치가 될 가능성이 높다. 공부하다가 잠깐 쉬고 있었는데 부모님이 지나가면서 "공부 안 하고 뭐하니?" 하면 어떤가. 다 꺼져가는 공부 의욕을 어떻게 올렸는데, 찬물을 끼얹어버리니 공부는 물 건너간다.

우리는 '보이는 대로' 살아간다는 사실을 알아야 한다. 냉장고에 탄산음료가 보이면 마시고, 아이 눈에 스마트폰이 보이면 손이 갈 수밖에 없다. '무엇을 보게 만들 것인가'가 핵심이다.

시스템이 무서운 이유이기도 하다. 우리가 의식하지 못하는 사이에도 어딘가로 우리를 끌고 가고 있기 때문이다.

한편으로는 고맙기도 하다. 시스템을 잘 만들어두면 스스로 애쓰지 않아도 원하는 방향에 조금씩 가까워질 수 있기 때문이다. 책이 내 눈에 띄게만 해도 나도 모르게 한 페이지를 넘기게 되고, 그 작은 시작이 곧 큰 변화를 불러온다. 이제 주변을 내 생각에 맞춰 바꿔보자. 그러면 어느새 책 읽기는 '내가 원래 하던 것'처럼 친숙해져 있을 것이다

5

네 번째 시스템:
독서는 체력입니다

독서에도 체력이 필요하다. 요즘처럼 딸아이와 하루 종일 붙어 지내는 방학 기간이면 더욱 절실하게 느낀다. 나는 어릴 때부터 약골이었다. 오죽하면 어머니께서 "아들은 공부 안 해도 돼. 건강하게만 자라다오"라고 하셨을까.

그렇게 특별대우(?)를 받고 자랐지만, 어른이 된 후엔 결국 메니에르증후군까지 겪게 되었다. 코끼리코를 30번 돈 것처럼 온 세상이 빙글빙글 돌아서 눈을 감아도 멈추지 않는, 생전 처음 들어보는 병명이었다. 아파본 사람이 아픈 사람의 마음을 진정으로 이해할 수 있다고 하던데, 나는 아플 때의 '나'를 이해한다. 몸이 온전치 않으면 독서고 뭐고 다 물거품이 된다는 것을.

독서는 감정이 좌우한다

『울트라셀프』의 이리앨 작가는 한 인터뷰에서 이런 말을 남겼다. "생각은 감정을 넘어서지 않는다." 아무리 창의적인 아이디어를 떠올리고 싶어도 우울하거나 화가 난 상태에서는 쉽지 않다. 다시 말해, '좋은 생각이 나오지 않으면 이성이 아닌 감성을 돌아봐야 한다'는 뜻이다.

가령 아내와 저녁을 먹다 다툰 날이 있다고 해보자. 별것 아닌 문제여도 마음이 불편하면 책장을 넘기는 손이 무거워진다. 읽었던 문장을 또 읽게 되고, 부정적인 감정은 생각마저 어두운 곳으로 끌어내린다. 시야는 좁아지고, 생각의 수준 또한 낮아진다.

반대로, 유난히 기분 좋은 아침을 맞이한다고 해보자. 설레고, 기대되고, 행복하다. 긍정적인 감정은 생각마저 가볍게 만든다. 생각이 이리저리 둥둥 떠돌아다니도록 풀어놓는다. 위대한 사상가나 세계적 부자들이 산책을 하며 통찰력을 얻고는 했다는데, 가벼운 마음으로 생각도 자유로이 돌아다닌 덕분 아닐까.

결국 독서를 잘하기 위해서는 생각이 막힘없이 흐를 공간이 필요하다. 그런데 우리의 감정은 체력과도 밀접하다. 몸이 피곤하면 감정이 쉽게 예민해지고, 감정이 흔들리면 독서 집중력마저 무너진다. 즉 더 이상 독서가 의지의 문제가 아닌 물리적인 한계에 부딪친다. 이럴 때 버팀목이 되는 것이 체력이다.

앞서 말했듯이 나는 지난 3년 동안 하루 2킬로미터 달리기와 헬스장을 오가며 기초 체력을 길러왔다. 사실 2킬로미터라고 해봐야 10~15분만 뛰어도 되는 충분한 거리다. 하지만 이는 단순한 운동에서 끝나지 않고 독서를 지속할 수 있는 핵심 시스템이 되었다.

독서 에너지의 순환 시스템

수력 발전소가 높은 곳에 물을 저장해두었다가 필요할 때 떨어뜨려 전기를 만드는 것처럼, 우리도 평소에 운동을 통해 체력을 '저장'해둘 수 있다. 그렇게 모아 놓은 체력은 책을 읽을 때 집중력으로 전환된다. 다만 쌓아둔 에너지가 엉뚱한 곳으로 빠져나가고 있진 않은지 점검하며 제때 활용해야 한다. 이 과정을 '축적→점검→활용'이라는 세 가지로 나누어보자.

축적: 에너지 모으기

나는 하루 2킬로미터 달리기, 근력운동 그리고 규칙적인 식사처럼 작은 습관들을 통해 '에너지'를 모은다. 운동을 꾸준히 하다 보면 몸의 탄탄함만 느는 게 아니다. 기분도 상쾌해져서 독서할 때 한 문장 한 문장에 더 집중할 수 있게 된다. 물을 높은 댐에 가득 채워두는 것과 같다. 미리 에너지를 비축해놓아야 책을 펼쳤을 때 쉽게 지치지 않는다.

점검: 에너지 누수 방지

문제는 힘들게 모아둔 에너지가 엉뚱한 곳으로 계속 빠져나가는 경우다. 나는 한때 여드름 스트레스 때문에 하루 종일 거울과 씨름하고 다양한 폼클렌징을 검색하느라 많은 시간을 소비했다. 몸은 운동으로 단련해놨는데 정작 마음이 새어나가고 있던 셈이다. 이런 '누수 지점'을 살피지 않으면 결국 독서에 쓸 체력을 남기기 어렵다.

밑 빠진 독에 물 붓기. 작은 틈으로 물이 똑똑 새면, 애써 모은 물이 아깝게 새어나간다. 내가 겪은 피부 고민처럼, 혹은 다른 사소한 스트레스 요인들처럼 내 일상에 숨어 있는 '틈새'를 찾아서 막아야 한다. 그래야 축적해둔 에너지를 허투루 낭비하지 않는다.

활용: 필요한 순간에 에너지를 꺼내 쓰기

마지막 단계는 축적해둔 에너지를 독서에 제대로 써먹는 것이다. 책상 앞에 앉는 시간 자체를 늘리는 것보다 '독서에 쓸 수 있는 최적의 몸 상태'를 만들어두는 게 핵심이다. 나는 달리기를 마치면 가볍게 샤워하고 책상에 앉는 순간 에너지가 집중되는 걸 느낀다. 몸이 개운해지면 마음도 맑아지고, 책 속 문장이 더 깊이 들어온다.

실제로 하루 30분만 걸어도 두뇌 혈류가 늘고 집중력이 올라간다는 연구 결과가 있다. 나 역시 이 원리를 몸으로 느낀다. 10분이라도 뛰면 코로 들어오는 산소가 마치 뇌 속에 고스란히 전해지는 느낌을 받는다. 기분 탓이겠지만, 감정 역시 기분 탓 아니겠는가. 그렇게 몸을 '깨우고' 나면 스스로에게 '독서에 딱 좋은 최적의 몸과 마음 상태'라고 신호를 주는 셈이다. 축적한 에너지를 막힘없이 흘려보내는 순간, 독서는 비로소 몰입의 단계로 접어든다.

평생 체력을 길러야 하는 운명

나는 한때 약한 체력을 원망했다. 20대 후반 메니에르증후군이 왔을 때는 현실을 부정하기도 했다. '왜 하필 나에게 이런 일이 벌어지는 걸까.' 누군가에게는 당연한 체력이 나에게는 결핍이었다. 그리고 그 결핍은 나에게 없어서는 안 될 존재가 되었다. 돌아보니, 몸에 좋은 습관을 유지하는 데 있어 결핍만큼 큰 원동력은 없었다. 매일, 매년 운동을 거를 수 없는 마땅한 이유다.

지난 3년 동안 하루 2킬로미터씩 달리는 습관을 유지해왔다. 2킬로미터가 먼 거리는 아니지만 그럼에도 매일 꾸준히 달리다 보니 조금씩 체력이 나아지는 걸 느꼈다. '나는 평생 운동할 운명이구나' 하고 겸허히 받아들였다. 운동으로 맑아진 마음 상태와 밝아진 긍정적인 생각 덕분에 꾸준히 독서를 할 수 있었고, 독서는 또다시 운동을 하게 만들었다. 그야말로 좋은 순환이 일어나고 있는 셈이다.

아이와 보내는 시간도 마찬가지다. 아침 일찍부터 딸아이와 씨름하다 보면 저녁쯤에는 녹초가 되기 십상이다. 아이가 어린이집에 가는 날이면 헬스장부터 찾는다. 이렇게 미리 몸을 한번 깨워두면 오후에도 책을 읽을 체력이 남아 있다. 몸이 깨어나는 만큼 생각도 가벼워지고, 자연스레 책장 앞으로 향하게 된다.

독서는 단순히 '책을 펴놓고 보는 시간'만 늘린다고 잘 되는 게 아니다. 나에게 맞는 습관과 루틴, 그리고 컨디션 관리가 필수다. 운동뿐 아니라 식습관, 수면습관처럼 나만의 '책을 읽기 적당한 상태'를 유지하는 것이 중요하다. 시행착오 끝에 찾아낸 나만의 독서 시스템은 몸과 마음을 편안하게 해주며, 그 편안함이 한 장, 한 줄에 더 몰입하게 만들어줄 것이다.

운동이든 식습관이든 독서를 꾸준히 하려면 에너지 관리가 필수다. 몸이 따라주지 않으면 감정은 쉽게 휘둘리고, 감정이 불안하면 책 속 글자도 눈에 들어오지 않는다. 독서는 허벅지로, 밥으로 하는 게 틀림없다. 독서가 더 가벼워지도록 몸과 마음이 가벼워지는 시스템을 마련하길 바란다.

6

다섯 번째 시스템:
지도를 펼치고 걷습니다

"달릴 때는 산꼭대기를 보렴. 저 높은 산꼭대기에 마음을 고
정하면 아무리 먼 거리도 내 발 밑에서 사라져버리는 것을
느낄 수 있을 게다. 그러면 덤불도 나무도 심지어 강물도 뛰
어넘을 수가 있단다. 살면서 어떤 어려움을 만나거든 언제나
산꼭대기 보는 것을 잊지마렴."

『인디언의 지혜와 잠언』 중에서

5년 전, 책을 읽지 않던 시절에는 말 그대로 하루를 그저 '흘
려보내기'만 했다. 아침이면 출근하고 저녁엔 퇴근하는 보통의
하루였다. 2021년, 본격적으로 책을 읽기 시작하면서 하루가

달라졌다. 아무 목적지 없이 흘러갔던 하루에서 '1년에 80권 읽기'라는 뚜렷한 목적지를 향해 나아가는 하루로 바뀌었다. 두근거렸다. 매일 반복되던 직장인의 아침에서 '책 읽는 나'의 아침을 맞이한다는 기분은 나를 새롭게 만들었다.

내 인생을 내가 살아가는 기분

학교 동료들과 독서 동아리를 하는 날이었다. 정혜신 작가의 『당신이 옳다』를 읽고 이야기를 나누던 중 부장님께서 물어보셨다. "선생님은 요즘 마음이 어떠세요? 힘든 일 없으세요?" 나는 별 고민 없이 대답했다. "힘든 일…… 정말 하나도 없어요." 지금 와서 생각해보면 참 세상 물정 모르는 서른 살 청년으로 보였겠다 싶다. 그렇다고 억지로 힘든 일을 지어낼 수는 없었다. 진심이었다. 퇴근하고 집에 돌아가 책을 읽으며 블로그에 글을 쓰는 삶이 너무 행복했다.

그렇다고 무조건적인 독서 예찬론자는 아니다. 책을 읽으면 행복한 삶을 살게 된다는 보장도 없다. 다만, 책을 읽기 전과 후 내 감정은 180도 달라졌다. 이유가 뭘까? 내 인생을 내가 살아가고 있다는 걸 몸으로 느꼈기 때문이다. 남이 만들어놓은 굴레에서 벗어나 나만의 인생을 살아간다는 느낌.

직장인들이 스스로를 불행하다고 느끼는 이유는 셀 수 없이 많겠지만, 그중 하나는 '끌려다니는 삶' 때문이다. 월요일이면 출근하고, 금요일 저녁에는 잠시 자유를 얻는다. 오로지 토요일과 일요일만 자신이 원하는 대로 살아간다. 7일 중 5일을 얽매여 사는 삶에서 만족감을 느끼기란 쉽지 않다.

나만의 독서 지도가 생기기 시작하면서 삶이 달라졌다. 출근 후 '일해야 한다'는 의무감이 아니라 퇴근 후 '책을 읽고 싶다'는 욕망이 하루를 지배했다. 매주 금요일만 기다리는 허탈함이 아니라 1년 뒤에 내가 어떻게 될지 기대하는 설렘으로 하루를 보냈다. 책을 읽으면 읽을수록 하고 싶어지는 것들이 늘어났다.

처음 독서를 시작했을 때 만든 지도에는 뚜렷한 목적지도 없었다. '1년에 80권 읽기'라는 목표가 있었지만, 이를 통해 무엇을 이룰지는 정해놓은 것은 없었다. 그저 책을 읽는 '행동'에 초점을 둔 단순한 목표였다. 그럼에도 이는 독서를 계속할 수 있게 도와주는 시스템이 되었고, 동시에 '끌려다니는 직장인'에서 '이끌어가는 사람'으로 정체성을 바꿔주었다.

흔히 사람들이 독서를 그만두는 이유는 '이거 읽어서 뭐해?'라는 생각 때문이다. 엉덩이를 붙이고 앉아서 야심차게 읽기 시작하지만 막상 책을 덮고 나면 현실에서 일어나는 변화는 없다. 이때 필요한 시스템이 지도다. 오늘 하루의 독서 습관보다 조금 더 멀리 내다볼 수 있도록 돕는 시스템이다.

독서와 현실을 잇는 시스템

6개월 전, 실버버튼을 받았다. "역시 나랑 다른 사람이군요." 이런 말을 들을 때면 고민된다. "아니에요"라고 겸손을 떨어야 할지, 아니면 "그건 당신이 몰라서 하는 말이에요"라고 해야 할지 멈칫한다. 여기서만큼은 솔직하게 털어놓는다. 나는 실버버튼은 받을 수밖에 없었다.

3년 전과 달리 나는 독서 지도를 더 구체적이고 현실감 있게 만들기 시작했다. '미리캔버스'라는 사이트에 접속해 원하는 사진들을 콜라주하듯 붙였다. 이른바 '2024년 북튜버 독서 지도'다. 실버버튼은 여러 그림 중에 하나였다. 이 실버버튼은 그림이 아닌 실제 물건으로 내 책상 앞에도 놓여 있다. 목표가 '내 집 마련'이든 '직장 이직'이든 어떤 것이라도 사진으로 시각화해 붙여 놓으면 비슷한 효과를 얻을 수 있다. 중요한 건 '보이는 지도'를 통해 행동이 촉진된다는 점이다.

자기계발서에 자주 나오는 말이 있다. "생생하게 상상하면 이루어진다." 그렇다고 상상하는 모든 게 이뤄진다면 내 키는 이미 2미터가 넘었을 것이지만, 내가 직접 경험한 바 목표를 글로 써야 이뤄질 가능성이 생기고, 쓰지 않으면 절대 이루어지지 않는다. 목표를 적는 순간, 그것은 막연한 소망이 아니라 구체적인 행동이 된다.

독서 지도를 만들면 독서는 글자를 읽는 행위로 끝나지 않는다. 독서는 행동으로 연결된다. 책에서 얻은 통찰을 현실로 가져와 물리적인 변화를 만들어내려고 버둥거린다. '실버버튼'이라는 목표가 없었다면 나는 여전히 '유튜브 한번 해볼까'라는 막연한 생각만 하며 책을 읽었을 게 뻔하다. 자기계발서에서 흔히 말하는 '행동하라'를 읽어도 목표가 없었다면 진짜 행동으로 연결되지 않았을 가능성이 크다. 결국 내가 실버버튼을 받을 수 있었던 것은 그것을 독서 지도에 명확히 그렸기 때문이다.

지도를 보고 묵묵히 걸어가자

지금부터 나만의 지도를 만들어보자. 지도 사용 기한은 1년. 미리캔버스나 칸바와 같은 사이트를 활용하면 이미지 파일을 쉽게 구할 수 있다. 원하는 목표를 눈치 보지 말고 다 붙여보자. 지도를 볼 때 두근거려야 한다. 인간은 결과보다 과정에서 오는 기대감으로 살아간다. 로또 복권의 가치는 당첨에 있는 것이 아니라 월요일부터 토요일 저녁까지의 설렘에 있다.

다음은 지도를 현실화하는 것이다. 우리는 목표에 등을 돌리는 순간, 0.2초 만에 잊어버린다고 한다. 금붕어를 동정할 게 아니었다. 나의 경우에는 미리캔버스에서 만든 '2024년 독서 지도'를 손바닥만 하게 인쇄하여 다이어리에 붙여놨다. 그런데 1~2월까지는 자주 들여다보다가 요즘은 거의 보지 않는다. 나처럼 계획적인 사람이 아니라면 스마트폰 배경화면에 지도 이미지를 넣는 것도 좋은 방법이다. 하루에도 수십 번 스마트폰을 들여다보니 자연스럽게 목표를 떠올릴 수 있다.

독서 지도를 한 장의 사진으로 만들었다면, 다음은 생활 곳곳에 목표를 몸에 스며들게 만든다. 『돈의 속성』의 저자 김승호 회장은 자신이 이루고 싶은 목표를 비밀번호로 설정했다고 한다. 예를 들어, 매장 열 개 오픈이 목표라면 비밀번호를 '10개 매장'으로 설정하는 식이다. 좋아 보이는 건 다 따라하는 나인지라 바로 비밀번호를 바꿔봤다. '독서메신저'. 진짜 비밀번호는 좀 더 탐욕스럽지만, 그건 비밀로 지켜주자.

지도는 독서의 방향을 잡아주는 시스템이 된다. 책을 즐겨 읽다가도 종종 멈추고 싶은 때가 찾아온다. '정말 책을 읽고 변하긴 하는 걸까?' 책에도 권태기가 오더라. 한때 1년에 80권씩을 읽어나가며 독서에 불이 붙었었다. 그러다 갑자기 차갑게 식었다. 더 이상 책이 머리에 들어오지 않았다. 독서를 멈추고 생각했다. 내가 이토록 왜 책을 읽고 있는지, 책을 읽고 앞으로 어떻게 살아가고 싶은지 성찰했다. 그리고 이는 곧 나만의 지도를 만드는 데 기반이 되었다.

'독서 네비게이션'이 아닌, 촌스럽게 '독서 지도'라고 말한 이유가 있다. 네비게이션은 목적지까지 정확하게 그리고 가장 빠른 길로 안내해준다. 그것도 실시간으로 말이다. 지도는 그렇지 않다. 때로는 공사 중인 도로를 만나 우회할 수도 있고, 예상치 못한 길로 들어설 수도 있다.

박승오와 홍승완 작가의 『인디 워커, 이제 나를 위해 일합니다』에서는 말한다. "자신의 길을 충실히 걸으면 이 길의 끝에 푸른 바다가 놓여있음을 깨닫게 될 것이다." 지도를 보고도 엉뚱한 길을 걸어갈 수도 있다. 목표가 너무 멀어 보여 중간에 포기하고 싶을 수도 있다. 하지만 결국 길은 통한다. 제자리를 맴도는 것처럼 보여도 결국 돌고 돌아서 도착하게 된다. 힘들더라도 지도를 펼쳐 묵묵히 독서를 이어나갔으면 한다.

나만의 지도가 없으면 남이 만든 지도에 따라 걷게 된다는 것을 기억하자.

7

시스템을 가진 사람만이
얻게 되는 것

시스템은 내 역량 이상의 큰 힘을 끌어오고, 스스로에 대한 확신을 만들어주었다. 그리고 시간이 흐르면서 운명까지 바꿔 주었다. 학교 알뜰시장의 소소한 사례부터 인생을 바꿔준 독서 시스템까지 시스템이 가진 힘이 내 인생에 어떤 변화를 가져왔 는지 소개해보자.

한 명이 최대로 낼 수 있는 힘

학교에서 알뜰시장이 열렸다. 1학년부터 6학년까지 집에서 가져온 물건을 사고파는 꽤 규모 있는 행사다. 문제는 날씨였다. 하필이면 비가 억수같이 내렸다. 교사로 9년을 보내다 보니 30분 뒤의 모습이 머릿속에 선명하게 그려졌다. 체육관이 순식간에 수산시장이 되는 아주 선명하고도 끔찍한 장면.

전교생 400여 명이 우산을 들고 드나든다. 우산 끝에서 빗물이 똑똑 떨어진다. 우산을 접고 들어오면 다행이다. 그대로 펴고 들어오는 아이도 보인다. '그래, 얼른 현관에 우산꽂이를 두자.' 하지만 곧바로 걱정이 밀려온다. "선생님, 제 우산 없어졌어요." 울먹이는 아이를 달래며 우산통을 뒤적거린다. 더 이상 상상하는 건 좋지 않다. 나는 시스템의 힘을 안다.

체육관 교구 준비물실로 향했다. 축구공, 플라잉 디스크, 배드민턴채를 지나치고 훌라후프가 보였다. 동그랗게 비어 있는 공간을 활용하면 우산을 보관할 수 있겠다는 생각이 스쳤다. 고리에 걸려 있던 훌라후프 6개를 체육관 정문으로 옮겼다.

1학년부터 3학년은 왼쪽, 4학년부터 6학년은 오른쪽. 훌라후프 6개를 바닥에 두었다. 앞에는 학년을 적은 A4 용지를 붙였다. 5분 정도에 걸쳐 우산 보관 시스템을 완성했다. 그리고 아이들은 정말 똑똑하게도 자기 우산을 제자리에 놓았다. 체육관은 수산시장이 되지 않았다. 질서를 지키는 바른 어린이들로 가득한 알뜰시장이었다. 내 상상은 틀렸고, 시스템이 옳았다.

시스템은 지렛대처럼 작용한다. 내 힘보다 더 큰 힘을 낼 수 있도록 돕는다. 병따개나 손톱깎이처럼 적은 힘으로도 목표를 달성할 수 있게 해준다. 시스템 없이 혼자 했다면 불가능했을 일이 시스템이 있으면 가능해진다. 나만의 역량을 키우고 싶다면 지렛대 하나쯤은 늘 챙기는 게 좋다.

시스템을 바꾸면 운명이 바뀐다

나는 독서 시스템을 지렛대 삼아 4년을 보냈다. 평범한 공무원에서 유튜버와 작가로, 회사에 끌려다니던 삶에서 인생을 직접 이끌어가는 삶으로 방향을 잡을 수 있었던 건 독서 시스템 덕분이었다. 처음에는 내가 시스템을 만들었지만, 지금은 시스템이 나를 만들어가고 있다.

손흥민 선수는 축구 능력을 키우는 시스템 속에서 하루를 보낸다. 250년 전 모차르트도 음악을 공부하고 연주하는 시스템 속에서 살았다. 결국 그들은 그런 사람이 될 수밖에 없었다. 시스템은 한 사람의 운명을 바꿀 정도로 강력하다.

예전엔 미래가 투명하게 보였다. 출근하고 퇴근하고 다시 출근하는 쳇바퀴 같은 시스템 안에서 다른 삶을 상상하기 어려웠다. 그러나 독서를 하루 시스템으로 가져오는 순간부터 나는 예측할 수 없는 사람으로 변해가고 있다. 가끔은 내가 낯설게 느껴진다.

콩 심은 데 콩 나고 팥 심은 데 팥 난다. 10대 때 꿈은 공무원이었다. 안정적이니까. 내향적인 나에게 맞을 것 같아서다. 지금 돌아보면, 아버지께서 평생 공무원으로 사셨던 것도 영향을 줬던 것 같다. 공무원으로서 아버지의 긍지가 내게도 긍정적인 영향을 주었고, 안정적인 가정을 꾸리는 모습에서 나도 그런 삶을 꿈꿨다. 그래서인지 TV를 보면 축구 선수 아버지 밑에는 축구하는 아들과 딸이, 작가인 어머니 밑에는 글을 쓰는 아들과 딸이 많다.

그렇다면 독서를 심으면 내게 무엇이 나올까?

독서 시스템에서 얻은 두 가지 수확

지난 몇 년간 수백 권의 책을 읽으면서 얻은 수확은 두 가지다.

첫 번째, 나에 대한 확신이다. 수년 동안 한 사람만을 지켜봤다. 매일 조용히 앉아 그 사람과 대화하며 생각을 나누었다. 하루도 빠짐없이 함께했다. 이정도면 사랑할 수밖에 없다. 그 한 사람은 다름 아닌 나였다. 30년 넘도록 붙어 다녔지만 이렇게까지 가까이 지낸 적은 없었다. PC방에 가면 친구들과, 카페에

가면 여자친구와, 집에 가면 부모님과 있었다. 나는 항상 다른 사람들과 함께했다.

독서 시스템이 나의 하루에 들어온 이후로 나는 나를 관찰하기 시작했다. 책을 읽을 때도 혼자, 책을 읽고 생각에 잠길 때도 혼자였다. 책을 읽고 떠들고 싶어도 사람이 없으니 이렇게 글을 썼다. 독서와 글쓰기는 나와의 거리를 좁혔다. 처음으로 나와 진지한 이야기를 나누었고, 앞으로 어떻게 살아가야 할지 머리를 맞댔다. 누구도 이 대화에 끼어들지 않았다.

『아웃라이어』에서 말콤 글래드웰은 말한다. 어떤 분야든 1만 시간을 투자하면 세계적인 전문가가 될 수 있다고. 이 법칙은 직업에만 통하는 게 아니었다. 오랜 시간 나와 함께하다 보니, 이제 나는 '나'를 가장 잘 아는 전문가가 되어가고 있다.

한 권을 읽는 데 평균 5시간이 걸린다고 하면, 100권이면 500시간. 여기에 서평까지 쓴다고 가정하면 800~1000시간이 된다. 거기다 책을 읽고 남은 여운으로 나와 계속 대화를 하는 시간까지 합한다면, 한 권당 10시간 정도를 나와 마주한다. 1만 시간이 되기에는 아직 부족한 독서량이지만, 이렇게까지 나를 깊이 들여다본 적은 없었다. 나를 알기에 충분한 시간이었다. 독서 시스템은 나와 나를 마주하게 만들었고, 자기 확신과 신뢰를 쌓아 올려주었다.

두 번째로 얻은 수확은 가격 대비 효율 좋은 함수다. 우리는 하루에도 오지선다형 문제를 수십 번 마주친다. 가깝기로는 점심 메뉴로 무엇을 할지, 멀게는 2년 뒤에 어디로 이사를 가야 할지 선택해야 한다. 매번 정답에 가까운 선택을 한다고 하지만 하나부터 열까지 꽤 성가시다.

독서 시스템은 더 나은 선택을 안내하는 함수다. $F(x)$ 함수에서 미지수 x는 노력으로 값을 바꿀 수 없다. 우리가 바꿀 수 있는 건 함수식이다. 어떤 값을 넣어도 더 나은 선택이 나오도록 함수식을 만든다. 세 시간째 글을 쓰고 있는 나에게도 미지수 x가 들어온다. '그만둘까? 계속 할까?' 계속 쓰는 쪽으로 선택했다. 공을 나의 끈기로만 돌리지 않는다. 도서관이라는 환경, 출간일이라는 목표, 독서 시스템이 나를 밀어붙이고 있기 때문이다.

"어린 코끼리는 서커스단에서 작은 말뚝에 묶여 자랍니다. 아무리 발버둥쳐도 말뚝을 뽑을 수 없어서 결국 포기하게 되죠. 시간이 흘러 커다란 어른 코끼리가 되어 말뚝을 뽑을 힘이 충분히 생겼음에도 어릴 적 실패했던 기억 때문에 더 이상 도전하지 않습니다. 결국 작은 말뚝 하나에 묶여 자유를 얻지 못한 채 지내게 됩니다."

어린 코끼리에게는 작은 말뚝이 시스템이었다. 어디를 가도, 아무리 힘을 써도 벗어날 수 없었던 시스템. 어른이 되어 더 이상 얽매이지 않아도 됐던 작은 말뚝이었지만, 익숙해진 시스템에 순응하며 살아간다. 우리가 봤을 때는 뒷걸음질치다 코끼리 발에 걸리면 부서질 작은 말뚝이지만 말이다.

자신만의 시스템을 지녔으면 한다. 나는 독서를 권하는 사람으로서 독서 시스템을 말하지만, 꼭 독서일 필요는 없다. 자신이 원하는 삶의 방향이 있다면, 그에 맞게 환경을 설계해보자.

8

정말 독서가
일상이 된다면

어른이 되고 싶었는데

"어른은 좋겠다. 뭐든 자유롭게 할 수 있잖아. 심지어 방학 숙제도 없고!"

개학을 하루 앞두고 머리를 쥐어짜며 일기를 쓰던 꼬맹이의 하소연이 들리는 듯하다. 일요일 오전, 엄마가 마시던 믹스커피가 궁금해 옆에 앉아 한 모금만 달라고 조르던 기억도 난다. 어른들이 부러웠다. 먹고 싶은 건 마음껏 먹고, 돈도 벌 수 있는 존재. 나도 어른이 되면 자유롭게 살아가리라 다짐하면서 믹스커피 한 모금을 홀짝 마시곤 했다.

아저씨가 되었다. 어렸을 때 부러워했던 그 어른이다. 나는 자유롭게 살고 있을까? 어른인 당신은 지금 자유롭게 살고 있다고 느끼는가?

뭘 하려면, 어디든 놀러 가려면 돈이 필요하다는 걸 깨달았다. 돈을 벌려면 회사를 다녀야 한다. 그래서 우리는 연말이면 업무에 치이고, 새해를 맞이하면서도 자유롭지 못하다. 비록 방학 숙제는 없지만 마감해야 할 업무가 있고, 교과서는 더 이상 보지 않아도 되지만 여전히 상사의 눈치를 보며 살아간다. 어른도 자유롭지 않다는 사실을 어른이 되어 자연스레 깨달았다.

나에게 물어본다.

'정말 이렇게 살아가는 게 맞는 걸까?'

'한 번뿐인 인생, 나는 공무원으로 살아가는 운명인 걸까?'

'교사직을 내려놓고 다른 일에 도전하면 안 될까?'

곧바로 내 안에서 답이 돌아온다.

'배부른 소리 하고 앉아 있네. 교사면 충분하지. 밖에 나가봐라. 더 힘들어.'

알고 있다. 세상 밖으로 나가면 더 힘들다는 것을. 야생으로 나가면 자유롭기야 하겠지만, 어떻게 살아가야 할지 막막하다. 나는 따뜻한 보금자리였던 동물원에서 끼니마다 주어지는 밥을 먹었고, 계절이 바뀌면 그에 맞게 환경이 조성됐다.

내게 있었던지도 몰랐던 발톱과 이빨은 사라진 지 오래다. 여기서는 별 필요 없었으니까. 그러니 야생에서 무얼 잡아먹고, 내 가족은 어떻게 지켜야 할지 상상조차 하기 어렵다. 자유를 택하느니 속박을 택한다. 허허벌판인 야생을 택하느니, 종이서류가 쌓여 있는 사무실을 택한다.

사실 우리는 자유를 두려워한다

가끔 꿈을 꾼다. 강의실에서 여러 명과 함께 수업을 듣고 있다. 그런데 강사가 이상한 행동을 한다. 한 학생을 이유 없이 차별하고 때리기 시작한다. 아무도 손을 들지 않는다. 정적 속에서 나는 홀로 강사 앞으로 걸어간다. 꿈이기에 더 용감했던 걸까.

"이건 아닙니다. 멈추세요." 말하면서 내심 뿌듯해한다. 책 좀 읽었다고 용감해졌나보다. 그리고 뒤를 돌아봤다. 꿈이었지만 선명히 기억난다. 온몸에 소름이 돋는 순간을. 모두가 박수를 보낼 거라 생각했지만 다들 나를 이상하게 보는 게 아닌가. "쟤 혼자 왜 저래?" 잘 돌아가던 세상에서 나 혼자 밖으로 튕겨져 나와버린 기분. 정말 끔찍했다.

은퇴 이후 60대가 갑자기 삶의 방향을 잃는 것도 비슷한 이유가 아닐까? 평생 동안 직장에서 묵묵히 일했는데 어느 날 갑자기 혼자가 된다. 열정과 시간을 직장에 쏟아부었는데 이제부터 혼자 살아가라고 덩그러니 내던져진다. 드디어 자유를 찾아 야생으로 나왔는데 다시 어딘가에 들어가고 싶어진다. 우리는 혼자 덩그러니 놓여 있는 시간과 공간을 두려워한다.

다시 꼬맹이의 생각으로 돌아간다. 어른이 되면 자유로워지는 걸까? 아니 좀 더 정확하게 물어보자. 어른은 정말 자유를 원하긴 하는 걸까? 어린 시절, '스무 살이 되면 학생 때 못 했던 모든 걸 하며 살 거야'라고 생각한다. 어른이 되면, '65세 은퇴까지만 버티자. 그때부터는 뭐든 자유롭게 할 수 있을 거야'라고 생각한다.

속마음은 다르다. 말로는 자유를 원한다고 하지만 막상 자유를 주면 허허벌판에 놓인 '나'를 두려워한다. 드디어 세상 밖으로 나왔지만, 또 누군가 나를 끌어주기를 바란다. 그렇다. 사실 우리는 어딘가에 기대어 있을 때 '나'의 존재를 느끼는 데 익숙해져 있었다.

독서 시스템: 야생을 견디는 힘

운 좋게도 나는 1년 동안 무한한 나만의 시간과 공간을 누릴 수 있었다. 육아휴직 덕분이었다. 출근하지 않아도 되는 삶. 금요일까지 채워 넣어야 할 업무도 사라졌다. 휴직과 동시에 모든 게 멈췄다. 갑자기 홀로 덩그러니 놓여졌다. 혼자 있는 시간과 홀로 있는 공간에 던져졌다. 처음으로 야생에 나왔던 1년을 독서 시스템으로 견뎌냈다. 책을 읽고, 글을 쓰고, 책으로 나만의 독서 지도를 만들었다.

배부른 소리처럼 들릴 수도 있다. 나처럼 모두가 혼자만의 시간을 보낼 수 있는 건 아니니까. 맞다. 나는 운이 좋은 경우다. 육아휴직을 비교적 수월하게 사용할 수 있었고, 아내도 배려해 주었다.

이번에는 내 차례다. 당신에게 묻고 싶다.

"1년 동안 비어 있는 시간과 공간을 견뎌낼 자신이 있는가?"

"외로움을 견디지 못해 매번 누군가를 찾지 않을 자신이 있는가?"

"다시 회사로 돌아가 일을 시작하더라도 이 순간을 후회하지 않을 자신이 있는가?"

1500년대 프랑스의 철학자 몽테뉴는 『고독에 대하여』에서 이렇게 말했다. "우리는 반드시 혼자 있을 수 있어야 하며, 거기서 진정으로 자유로워질 수 있는 나만의 방을 마련해야 한다. 고독을 올바르게 활용하는 법을 아는 사람들에게 그런 칩거란 세계 속에 또 하나의 세계가 있는 것과 같다"

몽테뉴가 말한 '나만의 방'은 곧 시스템이다. 혼자 있어도 불안해하지 않도록 고독을 더 견고하게 만들어주는 것. 독서 시스템 덕분에 나는 회사 밖에서도 통하는 나만의 역량을 키울 수 있었다.

'내가 진짜 좋아하는 건 뭘까?' '나는 어떤 사람으로 살아가고 싶은가?' 이런 고민을 하다 보니 독서 시스템에 하나가 더 추가됐다. '생각'이다. 생각이 많아질수록 독서를 하지 않을 수 없었다. 이전에는 고민조차 하지 않던 삶의 태도나 가치관을 곱씹기 시작했다. 자연스럽게 나와 비슷한 고민을 했던 사람들의 책을 찾는다. 책을 읽다 보면 어느새 또 다른 질문이 생기고, 그 질문을 해결하기 위해 다시 책을 찾는다.

생각은 덩어리가 되어 빠르면 2개월, 늦으면 6개월 간격으로 변한다. 예전에는 유튜브 알고리즘이 주식 영상으로 가득 찼다면 지금은 자기계발과 글쓰기 콘텐츠가 주를 이룬다. 지금 하는 생각이 곧 시스템이 되어 내가 읽을 책을 결정한다. 2개월 전까지만 해도 온통 책 쓰는 생각뿐이었고, 지금은 직장에서도 나만의 업을 찾고 싶어 '1인 기업' 관련 책들을 읽고 있다. 생각 자체가 독서를 하게끔 만드는 시스템으로 변했다.

4장

10분을 읽어도
몸에 남는 기록법

1

독서에도
체중계가 필요합니다

독서를 그만두는 이유

'오늘은 얼마나 나갈까?' 체중계에 올라간다. 60.2킬로그램. 마른 체형이 고민인 나에게는 소수점 하나도 소중하다. 그간 얼마나 노력을 했는데, 단 0.1킬로라도 늘어나야 뿌듯하지 않겠는가. 여태껏 쏟아부은 노력이 헛되지 않았음을 느껴야 했다. 내일 비가 오더라도 운동화를 신고 나갈 용기는 체중계에서 나온다.

우리가 독서를 그만두는 이유가 여기에 있다. 독서에는 체중계가 없다. 우리가 100권을 읽든 1,000권을 읽든 체중계에 올라가봐야 그건 생각의 무게가 아니라 몸뚱아리 무게일 뿐이다. 퇴근하고 힘든 몸을 이끌고 무려 10페이지나 읽어줬는데, 몸에서는 아무런 변화가 없다. 이 작가 양반 말 믿고 하루에 10분씩 3개월이나 읽었는데 어떻게 현실은 변화가 하나 없는지, 불신이 올라온다.

하물며 운동은 체중계가 없어도 얼핏 변화를 느낄 수 있다. '그래도 어제 이두 운동을 해서 그런지 팔이 조금 두꺼워진 것 같은데?' 심지어 거울을 보지 않아도 주변에서 변화를 알아봐준다. "와, 몸 좋아졌네요!" 아직까지 그런 말을 들어본 적은 없지만, 아마 내일은 더 독하게 운동에 임할 것이 분명하다.

그렇다면 독서로 사람이 변할 정도가 되려면 얼마나 더 읽어야 할까? 100권? 500권? 아니면 1,000권쯤 읽어야 사람들이 알아봐주려나?

그전에 이런 의심이 들기 마련이다. '독서가 정말 도움이 되긴 되는 걸까?' '내가 제대로 읽고 있는 걸까?' 충분히 합리적인 생각이다. 우리의 하루는 24시간으로 정해져 있고, 하고 싶은 일도 많다. 그중에서 독서를 선택했다면, 뭔가 남는 게 있어야 하지 않겠는가?

건강한 의심이다. 하지만 의심이 사라지지 않으면 결국 불신이 된다. 독서를 믿지 못하는 순간, 독서는 탈락이다. 감히 나의 일상에 들어올 자격이 없는 습관이 된다.

운동은 체중계가 숫자로 성취감을 측정해준다. 60.2킬로그램. 체중계로 운동의 효과를 확인하고, 그래서 믿을 수 있고, 운동을 계속하게끔 만든다. 독서에도 체중계가 필요하다. 몸의 무게를 재듯 생각의 무게를 재는 기계가 있으면 얼마나 좋겠냐만 그런 상상은 접어둔다.

기록은 곧 독서의 체중계

답은 '기록'이다. 기록은 '2023년 72권 독서, 2024년 55권 독서'처럼 숫자가 되기도 하며, 글자가 되기도 한다. 책을 읽으며 남긴 한 문장, 블로그에 올린 서평 그리고 사람들의 피드백까지. 기록은 크기도 다양하다. 작게는 책을 읽으며 밑줄을 치는 간단한 기록부터 책으로 책을 쓰는 궁극의 기록까지. 모든 기록은 나의 성장을 확인하게 해주는 체중계이자, 독서에 품었던 불신을 끄는 소방수가 된다.

몇 해 전 처음으로 블로그에 기록을 남겼다. 전날 밤늦게까지 게임을 했던 나를 회고하며 썼던 짧은 글이었다. 용기가 생겼다. 다음 글은 서평이었다. 블로그를 왜 해야 되는지도, 어떻게 하는지도 몰랐다. 별다른 내용도 없었기에 사람들도 들어오지 않았다. 이웃도 없고 블로그 이름도 없던 공간에 기록을 남겼다.

　잘하고 못하고는 상관없었다. 단지 내가 책을 읽고 흔적을 남기고 있다는 걸 스스로 확인하고 싶었다. 이 세상 어딘가에 흔적을 남기고 있다는 기분은 독서를 지속하게 만드는 힘이 되었다.

　기록은 그런 존재 같다. 처음에는 별거 아닌 것 같지만 쌓이면 쌓일수록 나를 지탱하는 기둥이 된다. 나무의 단면을 들여다보면 나이테가 보인다. 가장 안쪽의 작은 원부터 바깥쪽에 가까운 커다란 원까지. 한 아름 되는 나무가 그렇게 두꺼워질 수 있었던 건 바깥의 큰 나이테가 있기 전에 가장 안쪽의 작은 나이테가 있었기 때문이다. 처음에는 그저 작을 뿐인 나이테였지만 지금은 나무의 가장 핵심인 중심을 지키고 있다. 그 작은 나이테가 없었다면 지금의 단단한 나무도 없었을 것이다.

　별 생각 없이 남겼던 기록은 나의 중심이 되었다. 나는 책을 읽고 글을 쓰는 사람이라는 기둥이 만들어졌다. 짧은 글쓰기를 시작으로 한 해 한 해 기록을 쌓아가다 보니 지금에 이르렀다. 기록은 나를 단단하게 만들었고, 내가 더 큰 그릇으로 성장할 수 있도록 버팀목이 되어주었다.

기록이 쌓이면 확신이 생긴다

기록에 절대적인 방법과 기준은 없다. 꼭 내가 권하는 대로 기록해야 하는 법도 없다. 다만, 무계획형인 내가 당신과 책으로 만날 수 있었던 건 어떻게든 적어놨던 기록 덕분이었다. 책에 포스트잇을 붙이는 간단한 기록을 하지 않았다면, 책을 읽고 문장을 적지 않았다면, 어딘가에 나만의 흔적을 남기지 않았다면 지금의 나는 없었을 것이다.

이 기록법은 크게 두 가지로 나뉜다. '나'를 위한 기록과 '남'을 위한 기록. 서로 다른 방향처럼 보이지만 결국은 하나로 만난다.

나를 위해 시작한 기록은 남에게 더 따뜻한 말을 건넬 수 있도록 도와주었다. 독서로 돈을 벌고 싶어 시작했던 SNS 글쓰기를 통해 결국 남을 위한 글이 아니면 가치가 없음을 깨달았다. 나를 위한 것이 곧 남을 위한 것이고, 남을 위한 것이 결국 나를 위하는 것임을 알았다.

운동을 하는 사람이라면 집에 체중계 하나는 둬야 하듯이, 이왕 독서를 시작했다면 당신도 '기록'을 시작해보자. 첫 기록은 전적으로 '나'를 위한 기록이어도 좋다. 독서로 세상을 한번 바꿔보겠다는 대범한 포부도 좋지만, 우선 독서로 나부터 바꿔보는 걸 추천한다.

기록이 쌓이고, 독서가 현실에서 물리적인 변화를 만들어내
는 순간, 당신은 기록을 멈추지 않을 것이다. 나의 생각이 성장
하고 있음을 글쓰기를 통해 확인할 수 있고, 나의 몸값이 올라
가고 있음을 세상에 알릴 수 있다. 가벼운 기록을 시작으로 생
각에 무게를 더하고, 독서를 나만의 무기로 만들어보자.

2

첫 번째 기록법:
평생 나만의 무기가 될 기록법

굼벵이 앞에서 주름 잡는 격인지도 모르지만, 정말 사소한 기록법부터 읽은 내용을 차곡차곡 분류하는 방법까지 소개해 본다.

포스트잇: 도서관 책을 내 책처럼 읽는 방법

첫 번째는 포스트잇 기록법이다. 마음에 들거나 생각 거리를 던져주는 문장이 있으면 포스트잇을 붙이는 간단한 방법이다. 물론 포스트잇보다 연필로 밑줄 쫙쫙 긋는 게 더 좋다. 책 읽는 도중에 떠오른 생각을 즉시 빈 공간에 적을 수 있으니 말이다. 단, 내 책일 때만 가능하다는 단점이 있다.

　이제 막 독서를 시작하던 무렵에는 도서관만 이용했다. 초짜 독서가라 어떤 책을 골라야 할지 몰랐고, 마음에 들지 않을 경우를 대비해 서점 대신 도서관을 선택했다. 매번 도서관에 들릴 때마다 대출한도를 꽉꽉 채워서 여섯 권을 빌렸다. 도서관 책이다 보니 아무런 흔적도 남길 수 없었다. 그래서 썼던 기록법이 포스트잇 붙이기다.

　포스트잇은 가로와 세로 두 가지 방식으로 붙인다. 먼저 가로다. 마음에 드는 문장이 있으면, 그 문장 바로 윗줄에 포스트잇을 붙인다. 책을 다 읽고 되짚어볼 때 다시 컴퓨터에 기록해두기 위함이다. 포스트잇이 종이 재질인 경우에는 작은 공간이지만 깨알 같이 기록하는 맛도 느낄 수 있다. 단어 한두 개만 써놔도 그 시점에 떠올랐던 생각까지 기록할 수 있다. 다음은 세로다. 책 상단에 세로로 붙인다. 이는 한 페이지 전체가 마음에 들 때 사용한다. 한 문장만 뽑기 아쉬운 상황이나 문단 전체를 읽어야 뜻이 분명해지는 경우에는 세로 방식이 편하다.

　가끔 도서관에서 가만히 양손에 책을 들고 읽고 있는 분들을 본다. 감탄이 절로 나온다. 아직까지 독서를 머리로만 하기에는 부족한 건지, 어떻게든 손을 움직여야 한다. 연필을 쓰든 포스트잇을 붙이든 손으로 하는 독서를 좋아한다. 아이들이 교과서만 보면 왜 그리 낙서를 했는지 어렴풋이 그 심정을 알 것 같기도 하다.

한 권을 다 읽고 나면 책 옆과 위에 포스트잇이 덕지덕지 붙어 있다. 맨 앞 장으로 돌아가 포스트잇을 천천히 뗀다. 그리고 해당 문장을 컴퓨터에 옮겨 적는다. 두 번째 방법에서 소개하겠지만, '노션'이라는 기록 앱에 문장을 옮겨두는 편이다. 혼자 보는 독서 노트라 정성 들여 쓰지 않는다. 책 한 권을 정리하는 데 30분 정도 걸린다. 작업이 모두 끝나면 붙여놨던 포스트잇이 책상에 널브러져 있다. 멀쩡한 것들은 버리기가 아까워 작은 상자에 보관한다. 다음에 재활용한다.

노션: 어디서든 분류, 검색 가능

두 번째 방법이다. 독서 노트 정리다. 보통 독서 노트 기록이라면 A4 클리어 파일에 착착 정리를 하거나 공책에 일일이 연필로 쓰는 모습이 떠오른다. 나도 한때는 독서 노트 한번 정리하자는 마음으로 두꺼운 노트에 연필로 옮겨봤지만 정확히 세 권에서 멈췄다. 시간도 시간이지만, 손은 아픈데 악필이라 내 눈에도 예뻐 보이지 않았다. 무엇보다 꾸준히 할 수 없겠다 판단했다.

지금은 노션에 정착했다. 처음 듣는 앱이라고 겁먹지 않아도 된다. 기본 메모 앱처럼 글 쓰고 기록을 모아두는 어플이다. 다른 점이라면 노션은 자료 분류가 가능하여 한눈에 들어와 작업이 수월해진다는 점이다. 또한 PC와 스마트폰 연동 덕분에 집에서든 버스를 기다리면서든 언제 어디서나 기록을 남길 수 있다는 것도 큰 장점이다. 예전에 적어둔 문장 검색도 가능해 단시간에 원하는 문구를 찾기도 편하다.

천천히 해보자. 먼저, 유튜브에 접속해 '노션 독서 기록'을 검색한다. 여러 영상들이 뜬다. 마음에 드는 콘텐츠를 클릭한다. 유튜버는 템플릿이라고 부르는 틀을 어떻게 사용하면 좋을지 설명한다. 영상 아래 설명란이나 댓글에는 본인이 만든 템플릿을 무료로 제공한다. 노션도 인터넷 사이트의 한 형태라 링크를 클릭하면 해당 템플릿으로 이동하여 바로 사용이 가능하다.

이제부터는 유튜버가 말한 사용법을 익혀 기록을 쌓아가면 된다. 굳이 두꺼운 노트를 들고 다니지 않아도, 5천 원을 주고 사지 않아도 된다. 더 예쁘고 접근성도 좋은 노트가 10분 만에 완성된다. 나는 앱을 자유자재로 다루는 능력자가 아니라서 다른 분들의 노고에 감사를 느끼며 지금도 꾸준히 쓰고 있다.

꿀 모으기: 독서가 무기가 되는 순간

여기까지 보면 별 특출한 기록법이 없었다는 걸 누구나 알 수 있다. 그래서 이번에는 조금 더 야심찬 기록법을 꺼낸다. 아무도 알려주지 않은, 나조차 아직 완성하지 못한 독서 기록법이다. 일명 '꿀 모으기' 기록법을 소개한다. 나름 철학자 세네카의 말을 근거로 붙인 이름이다.

> "우리는 벌을 모방해 우리가 행한 다양한 독서에서 수집한 것을 모두 각각 별도의 방에 저장해야 하는데, 무엇이건 따로 보관했을 때 더 잘 저장된다. 이 경우 타고난 재능이라는 자원을 성실하게 적용함으로써 우리가 맛본 다양한 종류의 꿀을 섞은 후 하나의 달콤한 물질로 만들어야 하는데, 이 같은 과정을 거친 후 이 물질은 그 원재료의 출처가 명확하지만 원래 상태와는 매우 달라 보인다."
>
> 『생각하지 않는 사람들』 중에서

1단계, 꿀 모으기. 책을 읽는다. 마음에 드는 문장이나 떠오른 생각을 조금 전에 말한 노션 앱에 기록한다. 꿀벌에 빗대자면 꽃의 꿀을 집으로 가져오듯 책 속 문장을 나만의 기록 공간으로 가져오는 단계다. 문장과 떠오른 생각은 하나의 꿀이 된다.

썩지 않는 꿀처럼 책에서 가져온 글이나 떠오른 생각도 보관만 잘하면 언제든 꺼낼 수 있다. 다만 책 속 문장과 생각이 그 책의 테두리 안에서 벗어나기 어렵다는 한계가 존재한다. 자기계발서를 읽어도 그 안에는 뇌과학, 심리학, 물리학 등 여러 분야의 문장들이 쓰여 있다. 이를 분류하지 않으면 자기계발 하나의 주제에서 생각이 확장되지 않는다. 독서로 최대한 사고를 넓히려면, 문장을 더 쉽게 기억하려면 두번째 단계가 필요하다.

2단계, 꿀방에 분류하기. 1단계를 거치며 모아 놓은 글 중에서 전문성을 높여주는 문장을 복사한다. 미리 나눠놓은 나만의 분류 기준에 따라 문장을 옮긴다. 나의 꿀방을 간단히 소개하자면, 일곱 개로 나뉜다. '독서력, 쓰기력, 멘탈력, 행동력, 통찰력, 퇴사력, 사업력'. 그밖에 교육과 철학 관련 문장도 따로 모으는 중이다.

자기계발서지만 뇌과학과 관련된 문장이라면 '멘탈력' 방에, 독서 관련 명언을 보면 '독서력' 방에 복사해 넣어둔다. 도서관 십진분류법이 아니라 나의 흥미에 맞춰 방을 구성하는 시스템이다. 번거롭기는 하지만 꽤 매력적인 기록법이다.

실제로 스티븐 잡스는 애니메이션 회사 픽사의 사무실 공간을 구성할 때 과학자나 영상 제작자들을 구분 짓지 않고 한 공간에 두었다. 평소 연결고리가 없는 사람들끼리 만남이 일어날 때 새로운 생각이 일어나는 걸 알았기 때문이다. 독서만큼 폭발적인 충돌이 일어나는 경우도 없다. 하나의 주제에 대한 여러 작가의 시선을 모음으로써 생각의 수준을 높인다.

마지막 3단계, 꿀사과 만들기. 각 방에 보관한 꿀로 나만의 상품을 만든다. 미완성이라고 한 이유가 바로 여기다. 아직 뚜렷한 결과물을 만들어내지 못했다. 나아가고자 하는 방향은 이렇다. '독서 강연'이라는 꿀사과 방을 만든다. 평소 독서와 관련된 다큐멘터리를 보고, 통계 자료나 느낀 점을 그 방에 모아둔다. 2단계에 모아두었던 독서력 문장들도 훑어보고 가져온다. 강연 흐름에 맞게 딱딱 배치하면 독서 전문가가 된다.

『에디토리얼 씽킹』에서 최혜진 작가는 말한다. "하늘 아래 새로운 것이 정말로 없는 과잉생산 시대에는 독창성을 '처음부터 끝까지 새로운 것을 만들어내는 능력'이 아니라 '재배치를 통해 차이를 만들어내는 능력'으로 봐야 한다."

책 한 권을 읽든 백 권을 읽든 정리하지 않은 문장들은 뒤죽박죽 섞인 상태이다. 공들여 읽었는데도 막상 말이나 글로 풀 때 독서 효과가 미미하다고 느끼는 이유 중에 하나다. 이리저리 흩어진 조각들을 내가 만든 방에 보관해보자. 나름 책 좀 읽는 사람이라고 티를 낼 수도 있다.

여기까지가 나름 도서 크리에이터라고 떠들고 다니는 사람의 기록법이었다. 기록을 쌓다 보면 점차 나만의 필살기가 되지 않을까 한다. 아직까지 무기라고 하기에는 끝이 아주 무디지만, 적어도 이 각박한 세상에서 나를 지켜낼 수 있을 정도의 호신용품 정도는 되지 않을까 생각한다. 당신만의 무기를 만들어 가자.

3

두 번째 기록법:
서평 쓰지 마세요

당신에게 고한다

"서평만큼은 참으세요."

때는 블로그를 시작한 지 3년째가 되던 어느 봄날이었다. 봄 기운이 마음에 들어왔는지 블로그도 새롭게 꾸미고 싶었다. 블로그 이름을 '책읽는어른'으로 바꾸고, 글 카테고리를 다시 배열해볼까 이리저리 고치고 있었다. 그리고 사건이 터졌다. 한순간에 전 재산이 눈앞에서 사라졌다.

범인은 나였다. 나의 손으로, 나의 힘으로 전 재산이었던 포스팅을 몽땅 삭제했다. 상위 카테고리에 게시글이 '1'개만 남은 걸 대충 확인했던 게 화근이었다. 사실 삭제 버튼을 누르는 순간에도 멈칫했다. '내가 잘못 누르는 거 아닐까?' '에이, 그래도 휴지통에 남겠지.' 절벽에 서면 생각이 주마등처럼 스친다던데, 내 머릿속 시간은 느리게 흘렀다. 마우스 모래시계가 15초쯤 빙글빙글 도는 동안 '설마 설마' 하는 불안이 천천히 지나갔다. 그리고 15초 뒤, 모든 게 깔끔히 사라졌다.

그렇다. 3년 동안 애지중지 쌓은 독서 기록이 15초 동안 미련 없이 내 곁을 떠나갔다. 누군가 실수로 한 것도 아니고, 내 검지의 힘으로 말이다. 현실이 믿기지 않았다. '내게 왜 이런 시련이……' 나를 탓했다. 블로그나 인스타그램을 운영하는 사람이라면 이 사태의 고통을 어느 정도 공감할 거다.

"당신 서평이 날아갔으니 남도 쓰지 말라고 부추기나? 이 못된 놀부 작가 같으니." 아니다. 진심이다. 그때는 마음 아팠지만 지금은 다행이라 생각한다. 다친 제비가 흥부에게 복을 물어다 주었듯, 사라진 서평은 내게 복을 가져왔다. 바로 글쓰기를 새롭게 시작할 기회였다.

서평보다 '나'를 쓰는 글이 중요한 이유

눈앞에서 깔끔히 사라진 서평 덕분에 새롭게 글을 쓰기 시작했다. 글쓰기의 전환점이다. 예전이었으면 한 권을 다 읽고 본문 내용이나 생각을 정리했겠지만, 이제는 책 주제와 관련 없는 글을 더 자주 쓴다. 예를 들어 최준우 작가의 『그것은 교육이 아니다』라는 교육 관련 책을 읽고 '책을 왜 읽어야 하는가'라는 전혀 다른 이야기를 풀기도 한다.

　서평을 쓸 당시에는 책을 다 읽어야 한다는 일종의 의무감이 있었다. 지금은 아니다. 『지칠 땐 뇌과학』이라는 책을 5장 정도만 읽고 '불안을 해소하는 나만의 방법'을 주제로 글을 쓴다. 어떤 책을 읽었는지, 얼마나 읽었는지보다 나의 글에 도움이 되는 책인지가 중요해졌다. 내가 쓰는 글을 조금 더 감칠맛 나게 뿌리는 후추 정도면 충분했다.

　또 한 가지, 정체성이 변했다. '서평' 쓰는 사람이 아니라, '나'를 쓰는 사람이 되었다. '남'의 책을 정리하는 선한 사람이 아니라 '나'의 책을 쓰는 이기적인 사람으로 말이다. 결국, 까만 속내를 한곳으로 긁어모아 이 책을 쓰고 있다.

　왜 서평보다 나의 글을 써야 하는 걸까? 여러 이유가 있지만, 가장 크게 와닿은 건 나보다 서평 잘 쓰는 사람이 세상에 너무 많다는 사실이다. 아무 책이나 네이버에서 검색해보라. 블로그 글이 수십 개씩 뜬다. 그중 내 서평이 눈에 띌 확률은 얼마나 될까. 게다가 네이버 도서 인플루언서는 500명 정도로 한정되어 있고, 그들은 나보다 책도 더 많이 읽고 글도 더 많이 쓴다.

나처럼 평범한 글을 쓰는 사람은 어디에 비빌 틈도 없다는 뜻이다.

서평은 정말 나쁜 걸까? 사실 그렇지 않다. 서평이야말로 독서의 힘을 제대로 느낄 수 있는 가장 강력한 기록법이기도 하다. 책의 줄거리나 인상 깊은 부분을 정리하면서 내 생각을 구조화하는 시스템이기 때문이다. 애초에 나도 서평으로 나만의 생각을 키워왔지만, 지금 내가 말하고 싶은 건 서평만으로 끝내지 말자는 것이다. 특히 SNS를 통해 개인 브랜딩을 하고 싶은 분들에게는 더욱 그렇다.

그래도 동의할 수 없다면, 지금 당장 챗지피티ChatGPT에 들어가보자. 그리고 검색창에 '블로그용 『아주 작은 습관의 힘』 서평을 800자 내외로 써줘'라고 쓰자. 우리가 두 시간 동안 공들여 쓸 글을 에이아이AI는 2초 만에 만들어준다. 당신이 '나는 AI 따위로 글을 쓰지 않을 거야!'라는 선한 의도를 가졌는지도 모르겠지만, 이미 그런 글들이 백 개, 천 개씩 쌓이고 있는 건 부정할 수 없는 현실이다.

'나' 쓰기'가 준 세 가지 혜택

첫째, 글에 힘이 생겼다.

서평을 많이 썼어도 모든 글을 관통하는 나만의 한 획은 없었다. 한 획, 즉 나만의 개똥철학이라고 할까. 쉽게 말해, 이 책을 읽으면 이런 생각을 했다가 저 책을 읽으면 저런 생각을 했다. 내가 쓴 글이지만 나의 철학은 없고 다른 작가의 문장과 철학으로 빼곡했다.

지금은 다르다. 글에 힘이 붙었다. 나만의 무게중심이 생겼다. 오뚜기가 좌우로 흔들려도 다시 제자리로 돌아오는 이유는 무게중심이 있기 때문이다. 근육은 쓰면 쓸수록 두꺼워지는 걸 알기에, 글도 쓰면 쓸수록 단단해질 거라 믿으며 지금처럼 꾸준히 '나'를 쓴다.

두 번째, 글에 냄새가 난다.

예전부터 "로봇 아니에요?"라는 말을 들을 정도로 공감력이 높은 편은 아니다. 그래서 한때는 '사람들에게 너무 무관심한 게 아닐까?' 고민도 했다. 나를 쓰기 시작한 이후부터는 오히려 이게 나만의 강점이 되었다.

'로봇 아니에요?'라는 것도 결국 내가 풍기는 냄새 중에 하나였다. 비록 따뜻하게 위로하는 글은 못 써도, 적어도 책 내용만 기계처럼 전달하는 진짜 로봇 글은 벗어났다. 책 정보를 얻고 싶어 오는 게 아니라 '나'를 보고 싶어 찾아와주는 분들이 생겼다. 글에서 풍기는 나의 냄새를 누군가가 좋아해준다는 건 서평 쓸 때는 몰랐던 소중한 경험이었다.

셋째, 내 이야기가 켜켜이 쌓인다.

가수 윤종신은 한 인터뷰에서 이런 말을 했다. "10년 전에 불렀던 노래를 들으면서 제가 그때 무슨 생각을 하고 있었는지 알더라고요. '아, 그때 윤종신 갱년기 왔었네 하고요.'" 마찬가지다. 불행 중 다행으로 날아가지 않고 남은 '서평 아닌 글들'을 읽어보면, 당시 내가 어떤 생각으로 하루를 보냈는지 고스란히 보인다. 일기를 쓰려고 한 건 아닌데 '나'를 쓰다 보니 자연스럽게 나만의 흔적이 됐다. 사진으로는 담을 수 없는, 그때 당시의 마음을 글로 적은 기록이다.

시대가 '나'를 부르고 있다. 내가 책을 몇 권 읽었는지보다, 내가 어떤 철학을 갖고 책을 읽는지가 중요한 시대다. 내 시선과 목소리를 담아내는 '나'를 기록하는 글이야말로 남들이 흉내낼 수 없는 나만의 무기다. 시간이 흐를수록 나를 축적한 나만의 기록은 더 큰 힘을 발휘한다. 책에서 얻은 통찰도 좋고 하루 동안 겪은 사소한 에피소드도 괜찮다. 어차피 글쓰기란 '나'라는 재료로부터 시작되는 여정이니까. 나의 마음을 기록하고, 나의 개똥철학을 만들어가자.

혹시 여전히 '그래도 서평은 포기 못 하겠다'고 생각한다면, 얼마든지 써도 좋다. 대신 그 안에 나만의 이야기를 버무려보자. 가볍게 읽은 한 문장을 계기로 '나는 지금 어떤 사람인가', '앞으로 어떤 길을 가고 싶은가'를 기록하면 나만의 냄새가 나는 글이 된다.

나를 담아내는 글은 나의 '속'마음을 단단하게 해주는 동시에 나의 '겉'인 몸값도 올려준다. 나만의 향기, 나만의 색깔이 드러나는 글을 써보자.

4

세 번째 기록법:
배운 건 바로 써먹어야 합니다

영어 12년, 왜 입은 안 떨어지나?

아무래도 이상하다. 초중고 합쳐 12년이나 영어를 배웠는데 여전히 외국인만 보면 "Where are you from?" 이후로 이어지는 문장이 없다. 영어 과목을 좋아해서 지문 읽다가 모르는 단어가 보이면 열 번씩 쓰면서 외웠는데도 말이다. 아직도 'parachute(낙하산)'는 잊지 않았다. 근데 정작 낙하산 이야기를 외국인이랑 나눌 일은 평생 없을 것 같다.

이런 상황에 딱 맞는 표현이 있다. "아끼다 똥 된다." 굳이 영어를 아낀 건 아니지만, 영어 실력이 정말 똥이 된 건 확실하다. 12년을 공부했던 영어가 쓸모없게 된 이유는 단 하나, 실컷 배워놓고 써먹은 적이 없었기 때문이다. 단어만 죽어라 외웠지, 막상 단 한마디를 나눠본 적이 없었다. 영어는 나에게 글자였지 말이 아니었다.

반대의 경우도 있다. 겨울을 맞아 어머니께서 손녀 모자를 뜨고 싶다고 말씀하셨다. 몇십 년 전만 해도 뜨개질로 온 가족 옷을 숱하게 만들었던 솜씨지만, 워낙 오래전 일이라 자신 없어 보이셨다. 근데 웬걸. 지금 내 딸은 모자부터 목도리까지 온몸이 뜨개옷으로 덮일 지경이다. 잊었다고 생각한 뜨개질 기억이 여전히 어머니 손에 남아 있었다.

옛말에 틀린 게 없다. 배우면 써먹어야 한다. 나는 12년 동안 영어를 배웠어도 막상 일상에서 영어를 써본 적이 없었다. 반대로 어머니는 뜨개질을 어깨너머로 배웠지만 손으로 직접 부딪쳐 익혔다. 머리로 아는 것과 몸으로 하는 것은 생각보다 차이가 크다. 머리로 배운 걸 몸으로 옮겨야 오래간다.

독서도 이와 같다. 읽은 걸 마땅히 써먹을 때 몸에 배고 기억이 오래간다. 강태혁 작가는 『혼자가 편한 사람들의 이기적 책 읽기』에서 말한다. "실제로 아무리 많은 책을 읽어도 사색하는 시간을 갖지 않고 자신의 삶에 적용하지 않는다면 그저 좋은 글을 읽었다는 뿌듯함 말고는 남는 게 없다." 물론 책을 읽는 행위 자체로도 가치가 충분하지만 굳이 독서를 써먹으려고 애

쓰는 이유는 그 가치를 더 오래 간직하고 싶기 때문이다.

읽고 움직이면 비로소 보이는 것

나는 책에서 배운 걸 바로 활용하려는 습관이 있다. 처음부터 독서를 몸에 남기려 했던 의도는 아니었다. 책만 읽으면 입이 근질거려서 누군가에게 떠들어야 속이 풀렸다. 늘 그 희생양(?)은 아내였다.

오늘도 장보러 가는 길에 책 이야기를 꺼냈다. "태양이 무슨 색인지 알아?" 누가 봐도 덫을 놓는 질문이다. 아내는 이미 여러 번 당해서 능숙하게 답한다. "모르겠어." 나는 신나서 얘기한다. "우린 태양을 붉다고 하는데 사실 흰색이래. 파장이 어쩌고저쩌고……." 떠들다 보면 듣는 사람보다 말하는 사람인 자신에게 몇 배는 도움이 된다는 걸 깨닫는다.

책 한 권을 다 읽으면 머릿속은 복잡해진다. 원래 없던 지식체계가 들어오면서 생각들은 정렬되지 못하고 사방팔방 흩어져 있다. 그때 호루라기를 분다. 당장 이곳에 집중하라는 신호다. 남에게 설명해야 하니 내 안의 생각들도 어서 움직이라고 지시한다.

가만있던 생각은 당황한다. 책도 다 읽었겠다 이제 쉴 줄 알았는데 갑자기 날벼락이다. "나 지금 절체절명의 순간이야. 아는 척 좀 해야 하니 얼른 모여!" 쉬고 있던 생각들이 나의 명령대로 오와 열을 맞추기 시작한다.

강원국 작가는 『나는 말하듯이 쓴다』에서 이를 맛있게 표현한다. "나는 이를 '졸가리(군더더기 없는 뼈대를 뜻하는 순우리말)가 타진다'라고 표현한다. 마치 엄마가 아이에게 잔소리를 잔뜩 늘어놓은 후 '엄마가 하는 말 알아듣겠어? 세 가지야. 첫째는 뭐, 둘째는 뭐, 셋째는 뭐' 하고 다시 한번 강조하는 것과 같다. 말하면서 정리된 것이다." 말하기 전까지 둥둥 떠다니던 생각들이 말하는 순간 뼈대를 중심으로 줄을 맞춰 붙는다.

지금 쓰고 있는 이 글도 마찬가지다. 지금이야 그럴듯한 줄글로 보이지만, 시작하기 전까지는 몇 단어들만 빈 문서에 달랑 놓여 있었다. 이걸 어떻게 엮을까 막막할 때가 많다. 하지만 막상 쓰기 시작하면 글 흐름이 잡힌다.

"생각의 세계는 바다처럼 넓으며 우리 안에 액체처럼 존재한다는 점이다. 우리는 생각을 모호한 것처럼 느끼는데 그건 생각이 액체 상태이기 때문이다. 이것을 잘 정리해서 고체화시키지 않으면 형태가 제대로 느껴지지 않는다."

『마인드 박스』 중에서

아무리 책을 많이 읽어도 막상 달라지는 게 없다고 느끼는 사람에게 전하고 싶은 구절이다. 그들은 이미 독서를 통해 충분히 생각의 힘을 길렀다. 다만 머릿속에만 담아놓고 꺼내지 않으니 변화를 느끼지 못한다. 생각은 물처럼 손에 잡힐 듯 흘러가지만, 금세 지나가버린다. 생각은 얼음처럼 형태가 분명해야 비로소 붙잡을 수 있고, 그제야 눈에 보인다.

나도 그랬다. 이 책을 쓰기 전까지는 독서를 통해 얻은 아이디어들이 정처 없이 떠돌아다녔다. '독서 참 좋은데……', '작게 시작해야 습관이 될 텐데……' 하고 떠올리면서도 막상 아이들에게 독서의 가치를 어떻게 말해야 할지 막막했다. 분명 알고는 있는데 말로 꺼내기가 어려웠다. 그러다 책을 쓰기 시작하면서 생각이 점차 '고체화'되었다. 물처럼 둥둥 떠돌던 생각들이 목차라는 틀에 따라 눈앞에 정리된 것이다. 책에서 배운 걸 실제로 한 권에 담으면서 머릿속 생각이 비로소 몸으로 옮겨졌다.

아끼다 똥 된다: 완벽주의 깨고 당장 해보자

생각에는 유통기한이 없다. 당장 써먹지 않더라도 썩지 않는다. 다만 관리하기가 어렵다. '오만 가지 생각이 든다'는 말이 그냥 나온 말이 아니다. 2005년 미국국립과학재단 연구에 따르면, 사람은 하루 12,000~50,000가지 생각을 한다고 한다. 한 달이면 150만 가지다. 그중 책에서 얻은 생각을 가만히 두면 뒤엉켜버려 결국 150만 개 중 1개로 희미해진다. 그 자리를 대개 쓸데없는 잡념들이 채워버린다는 점이 더 아쉽다.

생각이 날아가기 전에 써야 한다. 책에서 얻은 귀한 생각들을 귀하게 모셔야 한다. 행동으로. 그럼에도 여전히 책을 읽고 행동으로 옮기는 건 쉽지 않다. 책은 책대로 읽고, 행동은 어제와 똑같이 한다. 이유가 뭘까? 완벽주의다. 아직 행동하기에는 이르다는 생각 때문이다. 지금 뱉는 말이 틀릴 수도 있다는 불안함 때문이다. 지금 하는 행동이 남들이 봤을 때 우스꽝스러워 보일 수도 있다는 두려움 때문이다. 마치 걷지도 못하는 아기가 100미터 달리기를 걱정하는 모양새다. 완벽하지 않아도 된다. 배웠으면 바로 써먹어야 한다.

하지 않는 100점짜리 완벽한 행동보다 35점짜리 허술한 행동이 낫다. 모치즈키 도시타카의 『마법의 보물 지도』를 읽고 다이어리에 비전보드, 즉 나만의 독서 지도를 바로 만들었다. 그 책의 핵심이 뭔지 따질 시간에 일단 행동했다. 야기 짐페이의 『세상에서 가장 쉬운 하고 싶은 일 찾는 법』을 읽으면서도 "좋아하는 것, 잘하는 것, 소중한 것"을 나열하라고 하기에 그때그때 메모했다. 기억이 잘 나지 않지만, 지금 이렇게 좋아하는 독서와 글쓰기를 하며 살아가는 걸 보면, 몸에는 선명하게 남았다는 걸 알 수 있다.

독서로 얻은 걸 몸에 남기려면 당장 써먹는 습관이 핵심이다. 영어 단어를 배운 뒤 곧장 대화에 써봐야 하듯, 책에서 얻은 인사이트도 즉시 말하고, SNS에 적고, 부딪히는 현실 어디에든 활용해보자. 당신이 이 책에서 써먹고 싶은 무언가를 발견했다면, 이 한마디를 건네고 싶다.

"아끼다 똥 된대요. 얼른 써먹으세요."

5

네 번째 기록법:
몸값이 두 배가 되는 독서 콘텐츠

작은 구멍가게에 오신 걸 환영합니다

"당신은 세상 어딘가에 작은 구멍을 뚫듯이, 작은 깃발을 세우듯이, 그냥 쓰면 된다. 그러면 언젠가 누군가가 그곳을 지나갈 것이다. 당신이 세상에 남긴 작은 흔적에 눈길을 줄 것이다."

『내가 읽고 싶은 걸 쓰면 된다』 중에서

자신감은 이유 있는 근거에서 나온다. 다름 아닌, 당신 덕분이다. 아무리 작은 구멍가게라도 좋아해주는 손님은 찾아오기 마련이다. 대형마트에서 보던 특급 세일은 없지만, 작은 구멍가게에서는 어떤 소소한 걸 팔지 궁금해서 들어올 때도 있다. 베스트셀러를 두고 나의 책을 고른 당신처럼 말이다. 작은 구멍가게를 운영하는 한 사람으로서 감사한 마음으로 작은 노하우를 나누려고 한다. 평범한 직장인이 어떻게 책으로 콘텐츠를 만들 수 있을지 소소하게 이야기를 하려고 한다. 거인들은 잠시 자리를 내어주고, 우리는 도란도란 이야기를 나눠보자.

현재 나는 유튜브, 블로그, 스레드 총 세 채널을 운영하고 있다. 책 읽을 시간도 부족한데 SNS를 굳이 하는 이유가 뭘까? 솔직해지자. 돈이다. 내 삶도 벅찬데, 남들이 어디 놀러가서 찍은 케이크 사진에는 솔직히 관심이 없다. 그런 내가 SNS를 시작한 건 몸값을 올리기 위해서였다. 작가 양반의 몸값은 어떻게 되냐고 묻는다면, 뭐 엄청난 건 없다. 그래도 말하자면, 월급 말고 다른 수입이 생긴 건 독서 콘텐츠 덕분이다.

걱정 말자. 혹여 사람들에게 관심 받지 못하는 채널이 되면 어떤가. 다른 것도 아니고 무려 책을 읽고 글을 쓰는 일이니. 훗날 독서 콘텐츠가 책 쓰기의 재료가 될지 누가 아는가. 이제 시작해보자.

잘 팔리는 콘텐츠의 비밀

첫 번째 단계다. 일단 올린다. 이보다 중요한 건 진짜 없다. '책읽는어른' 채널에 첫 영상을 올릴 당시, 미리 쓴 대본을 화면에 띄우고 읽으면서 촬영했다. 얼굴까지 나오기에는 도저히 용기가 안 나 목 아래까지만 찍었다. 분명 얼굴이 안 나오는 영상인데 굳은 표정이 보이는 건 기분 탓이 아니었다. 이렇게 딱딱하게 말할 수 있나. '유튜브는 아무나 하는 게 아니구나' 싶었다.

그런데 한 번이 어렵지 두 번 세 번 찍다 보면 뻔뻔해진다. 유튜버가 되는 비법? 그냥 하나만 올리면 된다. 말투가 어색하면 어떤가. 사람들이 안 보면 그만이다. 내가 누구를 욕하는 것도 아니고 비리를 저지르는 것도 아닌데, 내 콘텐츠에 너무 엄격해질 필요 없다.

처음 올렸던 영상은 아직도 유튜브에 떠돌아다닌다. 미심쩍은 사람이 있다면 한번 들어가보자. 용기를 얻을 수 있을 거다. '이 사람도 했는데 내가 못할 게 있나.' 그럼에도 아직 스스로에게 뻔뻔함이 용납되지 않는다면, 유튜브보다는 블로그나 스레드부터 시작하길 권한다. 글쓰기야말로 언제든 도전할 수 있는 영역이니까.

두 번째 단계다. 그럼 뭘 올릴까? 앞서 얘기했듯이, 서평만큼은 참자. 이미 네이버 블로그만 해도 서평 전문 블로거가 수백 명이다. 나를 예로 들어보자. 책 읽고 싶어지는 에너지를 주는 콘셉트로 유튜브, 블로그, 스레드에 도서 콘텐츠를 연재하고 있다. 도서 관련 채널이지만, 책에 대한 자세한 이야기는 다루지 않는다.

북튜브 채널을 시작하기 전에 도서 관련 유튜브 채널을 숱하게 찾아봤다. 10만 구독자를 가진 채널도 있고, 영상이 200개 넘는 곳도 있었다. 안타까운 건, 그리 오래가지 않았다는 점이다. 이유가 뭘까? 채널을 지속할 힘을 잃었기 때문이다. 채널을 지속하는 힘은 다름 아닌 사람들이다. 애써 만든 영상을 찾는 사람이 없다면, 자연스레 멀어진다.

누군가 내 채널에 들어왔다고 해보자. 아쉽지만 그는 '책'을 보러 왔지 '나'를 보러 오지 않았다. 그 누군가는 또다시 다른 '책'을 보러 다른 곳으로 간다. 다시 말해, '나'는 언제든지 '남'으로 대체 가능한 존재가 된다는 것이다. 물론, 기계처럼 일주일에 서평을 다섯 개씩 올린다면 상황은 달라지겠지만, 쫓기듯 책을 읽고 쫓기듯 콘텐츠를 만들게 된다.

결국 '나'만의 냄새를 풍기는 게 중요하다. 적어도 구린내가 아니라면 나와 비슷한 냄새를 가진 사람들은 찾아오기 마련이다. 빈틈 많은 진짜 '나'를 그대로 올리자.

훔치자. 괜찮다. 내 스타일로 만들자

세 번째 단계다. 훔쳐오자. 『일류의 조건』에서 작가 사이토 다카시는 말한다. "전문가의 방식과 행동을 관찰하고 그 기술을 훔쳐 내 것으로 만든다. 이것이 숙달로 이어지는 대원칙이다." 감사하게도 이미 내가 가고 싶은 길을 먼저 간 이들이 있다. 그들의 유튜브나 SNS를 보면서 어떤 영상이 조회 수가 높은지, 어떤 식으로 방향을 잡아가는지 알 수 있다.

그래도 모르겠다면, 따라해보자. 그렇다고 그들이 진행하는 틀 자체를 가져오자는 얘기지 내용을 그대로 가져오는 건 불법이다. 하나둘 올리다 보면 자기도 모르게 나만의 방향으로 나아가고 싶다는 욕심이 생긴다. 그때 나만의 콘텐츠를 꾸준히 올리면 된다. 혹시 북튜브를 시작하고 싶다면 '책읽는어른' 채널을 참고해도 좋다. 훔쳐갈 게 있을지는 모르겠지만.

무조건 시작하자. 어떤 채널이든 상관없다. 스레드를 시작한 지 100일쯤 됐다. 팔로워가 800명이 넘었다. 800명? 콩알만하기는 한다. 그런데 잠시 현실을 보자. 이를테면 스타벅스에 열 명이 둘러앉아 내 이야기를 집중해 듣는다면? 그것만으로도 긴장되고 뿌듯하다. 하물며 천 명이 내 얘기를 들어준다고 상상해보면 어떻겠나. 책을 읽고 생각을 말할 뿐인데도 누군가는 그걸 '배움'으로 받아들인다. 감개무량하다.

온 세상에 기록을 남기면 내 몸값은 서서히 올라간다. 천천히 올라가도 괜찮다. 글 쓰면서 이미 내면은 성장 중이다. 몸값도 올라가고, 나도 성장하는 독서 콘텐츠를 시작하지 않을 이유가 없다. 편집 기술? 한 개 두 개 올리다 보면 언젠가 더 예쁘게 꾸미고 싶어지는 순간이 온다. 그때 배워도 늦지 않다. 당신이 내게 왔다는 건 성공한 사람의 이야기를 기대해서는 아닐 거다. 책을 좋아하는 한 사람의 냄새가 궁금했기 때문일 거다.

당신만의 작은 구멍을 꾸준히 파보자. 누군가는 당신만이 가진 에너지를 기다리고 있다.

6

다섯 번째 기록법:
궁극의 기록법, 책으로 책 쓰기

책 쓰기, 모든 에너지를 더한 결과

만화『드래곤볼』을 아는가. 주인공 손오공이 역대 최강 악당인 프리저를 만난다. 도저히 혼자서는 이길 수 없다는 걸 깨닫고 온 지구에 부탁한다. 나에게 힘을 모아달라고. 먼 곳에 있는 동료들도 에너지를 보내오고, 넓은 초원에 펼쳐진 잡초까지 힘을 보탠다. 손오공의 손바닥에 모든 에너지가 모인다. 그렇게 완성된 '원기옥'이라는 필살기로 프리저를 쓰러뜨린다.

한 권의 책을 쓰기 위해서는 지금 내가 가진 힘으로는 역부족이었다. 온 기운을 모아 원고 집필에 몰아넣어야 했다. 그러려면 최대로 끌어올린 몰입도가 필요했고, 과거에 모아놓았던 글감이나 책 인용구도 다 불러내야 했다. 글쓰기 관련 책들을 읽으며 고수들이 전하는 기술과 마음가짐을 죄다 흡수하기도 했다.

그만큼 첫 책 쓰기는 쉽지 않았다. 서평 쓰기나 유튜브나 블로그에 도서 콘텐츠를 만드는 것과는 달랐다. 퍼즐 조각 하나하나를 맞춰서 작품 전체를 완성하는 느낌이랄까. 고생이 이만저만이 아니었다.

그렇다고 못할 일은 아니다. 누군가 책 출간을 출산 과정에 빗대어 말하던데 나는 동의하지 않는다. 정말 그렇게 힘들었다면 당분간은 쳐다도 안 봐야 정상이다. 하지만 지금 책을 쓰면서도 욕망이 꿈틀거린다. 1년에 한 권씩 내고 싶다는 마음이다.

책 쓰기는 내 안의 모든 잠재력을 끌어 쓰는 과정이다. 그래서 꽤 매력적이다. 손오공이 원기옥을 만들기 위해 모든 에너지를 끌어 모은 것처럼, 한 권을 완성하려면 영혼까지 끌어 써야 했다. 스무 살을 훌쩍 넘어 아저씨가 되고서 이렇게까지 몰입한 적이 있었나 싶을 정도다. 나의 한계치를 시험해보는 동시에 지금껏 맛볼 수 없었던 성취감을 느끼는 계기가 되었다.

"사람들이 쾌락이라고 부르는 것은 얼마나 묘한 일인가. 그리고 쾌락의 반대라고 여겨지는 고통과의 관계도 또 얼마나 이상한 것인가! … 그중 하나를 추구해서 얻은 사람은 대체로 다른 하나도 어쩔 수 없이 얻게 마련이기 때문이야. 그 몸뚱이는 둘이지만, 머리 하나에 붙어 있는 셈이야."

『파이돈』의 소크라테스의 말 중에서

작가는 글쓰기 실력보다 시간과 공간이 중요하다

처음부터 책 쓰기를 순수한 마음으로 시작한 건 아니다. 욕망 덩어리인 나는 역시나 세속적인 성공을 위해 책 쓰기에 관심을 가졌다. 한 권 두 권 출간할 때마다 몸값이 달라지고, 강연비가 100만 원으로 치솟을지 모른다는 상상. 지금도 속세의 마음은 여전하다. 당신은 어떤가. 나보다 더 따뜻한 마음으로 살아가는 당신이 책을 쓰지 않을 이유는 더더욱 없다. 아니, 책을 읽는 사람이라면 책을 써야 한다. 의무다.

당신은 나보다 잠재력이 크다. 나는 이미 영혼까지 끌어 모아 이 책을 완성했다. 다음 책을 쓸 수 있을지는 이제부터의 노력에 달려 있다. 반대로, 당신은 아직 세상에 풀지 않은 보따리를 품고 있다. 당신의 이야기는 나보다 더 포근할 것이며, 덜 이기적일 것이다. 그런 이야기는 반드시 내놔야 한다.

당신은 따뜻한 사람이기에, 따뜻한 글을 어서 나누어야 한다. 책 쓰기에 들어가보자. '책을 어떻게 쓰는지'는 고수들에게 맡기고 조금은 현실적인 이야기를 나누려 한다. 직장인이, 딸아이의 아빠가 어떻게 첫 책을 낼 수 있는가, 바로 그 과정이다.

전업 작가가 아닌 우리는 무엇보다 시간과 공간부터 확보해야 한다. 시간은 비워두고 공간은 만들어둬야 한다. 책의 메시지나 콘셉트를 정하기 전에 환경부터 확보하는 게 우선이다. 앞서 말한 시스템과도 연결된다. 회사 일에, 육아에 치이면 애초에 글 쓸 엄두가 안 난다. 시작하기 전 '책 쓰기에 집중할 수 있는 시간과 공간을 어떻게 만들까?'가 책 쓰기의 시작이다.

나는 운 좋게도 육아휴직 덕에 그 공간과 시간을 확보했다. 아침마다 딸아이를 어린이집에 데려다준 뒤 도서관으로 향했다. 종합자료실에서 매일 두 시간 한 꼭지씩 썼다. 보통 책 한 권은 40꼭지 정도로 구성된다. 매일 꾸준히 썼더니 3개월 만에 한 권을 쓸 수 있었다. 의지력보다는 시스템을 믿은 결과다.

여기서 드는 의문. 도저히 여유가 없는 경우는 어떻게 할까? 우선순위를 점검해보자. 책 쓰기를 원한다면 십중팔구 자기계발에도 관심이 있을 거다. 독서부터 운동, 퍼스널 브랜딩, 재테크 공부 등. 그중 책 집필을 1순위로 둘 수 있을 때 시작하는 게 좋다. 조금 더 에너지를 효율적으로 쓰기 위함이다.

사실 이 책은 세 번째 도전이었다. 컴퓨터 바탕화면에는 쓰다가 포기한 원고만 A4 용지로 150장이다. 책으로 치면 1.5권의 분량이다. 그 시간과 노력이 아깝긴 하지만, 중간에 멈춰서 다시 이어갈 엄두가 나지 않았다. 왜 포기했을까? 말 그대로 중간에 '멈춰 버렸기' 때문이다.

달리기도 중간에 멈춰 쉬면 다시 뛰기 어렵다. 땀은 식고, 다리 근육과 마음이 굳어버린다. '저 먼 길을 또 어떻게 걸을까' 하면서 말이다. 책 쓰기도 똑같다. 몇날 며칠 매일 쓰다가 어느 순간 멈추는 시점이 온다. '잠시 쉬었다 시작해야지'라는 마음은 온데간데없고 일상에 묻혀 점점 들여다보지 않는다. 글쓰기에 남아 있던 온기가 사라진다. 몸도 굳고, 생각마저 딱딱해진다. 그렇게 쓰다 만 원고는 여전히 C드라이브에 있다.

물론 언젠가 재도전할 수도 있다. 다만, 책을 쓰면서까지 스트레스를 받을 필요는 없다. 나 좋고 남 좋자고 시작한 게 글쓰기인데, 굳이 이런 일로 고통 받을 필요는 없지 않나. 차라리 책 쓰기에 온전히 몰입할 수 있는 시간과 공간을 먼저 점검하자. 그리고 그때 시작하자. 생각보다 단숨에 쓸 수 있다.

결국, 책은 나를 위한 것

흔히들 책은 '남'을 위해 쓰라고 한다. 남을 위한 글이 아니면 누가 귀한 시간과 돈을 들여가며 읽겠느냐는 얘기다. 지금, 원고 분량이 절반을 넘어선다. 그리고 문득 드는 생각. '책 쓰기는 결국 나를 위하는 과정이다.' 남을 위한 책을 쓰자 했는데 나에게 더 큰 가치가 돌아온다. 책을 쓰면서 가장 가까운 존재, 나를 하나하나 들여다보았다.

당신도 그런 경험이 있지 않은가? 가끔 머리에 떠도는 생각을 하찮게 여겼던 경험. 쓸 데 없는 생각이라고. 얼른 떨쳐내야 한다고. 근데 개중에는 나름 가치 있는 것들도 섞여 있다. 잡념이라고 생각했던 생각은 사실 마땅히 자신의 집을 찾지 못했기 때문에 붙여진 이름이었다.

"내가 그의 이름을 불러 주었을 때 그는 나에게로 와서 꽃이
되었다."

김춘수의 〈꽃〉 중에서

시에 나온 글귀처럼 잡념에도 관심을 주어야 한다. 쓸데없어 보였던 생각이 책의 어느 귀퉁이에 꽂히면 새로운 의미가 생긴다. 길바닥에 나뒹구는 페트병이 플라스틱 분리수거함에 들어가면 '재활용품'이라는 재생의 의미가 생기듯이 말이다.

은유 작가의 『은유의 글쓰기 상담소』에 이런 구절이 있다. "저는 책이 캐비닛 같다는 생각을 해요. 제 상처가 잘 정리돼서 캐

비닛 안에 들어가 있는 느낌? 그러면 상처와 제가 조금은 분리된 듯 편안해져요."

머릿속에 흩어져 있던 생각을 서랍(캐비닛)에 차곡차곡 정리하는 맛. 누군가 그 서랍을 열고 공감해줄 때의 기쁨. 나의 모든 에너지를 끌어 모아 필살기를 만들어 시장에 내보이는 통쾌함까지. 이 모든 걸 누릴 수 있는 책 쓰기는 기록의 종착점이라 할 만하다. 이보다 더 짜릿한 기록은 없다. 당신도 함께했으면 좋겠다.

7

"책 읽어도
달라지는 게 없습니다"

독서를 그만두기 직전에 나오는 신호 한 가지

"작가 양반, 가벼운 독서법이라면서요?"

처음에는 부담 없이 시작할 수 있는 독서법이라고 꼬드겨놓고, 웬걸? 하라는 게 왜 이리 많은지. 인정하고 반성한다. 변명하자면, 1,000일 동안 하나씩 실천해본 기록법을 한 권에 담다 보니 본의 아니게 많아졌다.

그렇다 해도, 나도 물러서지 않는다. 당신이 독서의 끈을 놓지 않았으면 하는 바람 때문이다. "책 읽어도 달라지는 게 없습니다." 이는 독서를 그만두기 전에 외치는 SOS 신호다. 구조신호를 보낸 뒤 이와 같은 말을 남기고 독서를 떠난다. "시간 낭비 같아요. 아무래도 독서는 저랑 안 맞는 거 같아요."

대학 새내기 시절, 여름방학을 맞아 책 좀 읽어보겠다고 모처럼 도서관을 갔다. 책을 읽으면 인생이 달라지지 않을까 하는 막연한 기대감, 그리고 독서를 해두면 뭐라도 남는 게 있을 거라는 기대감 때문이었다. 정확히 기억나지는 않지만, 대충 이런 제목의 책을 읽었다. '30살 전에 꼭 알아야 할 12가지.' 아무런 변화가 없었다. 책을 읽었다는 뿌듯함 정도가 전부였다. 실망했다. 독서와 자연스레 멀어졌다. 뿌듯함이라는 감정은 독서 말고도 느낄 수 있는 것들이 많았으니까.

더 이상 어린애가 아니었다. 한 달에 세 권 읽었다고 칭찬해주는 어른은 이제 없었다. 도서관에 앉아 책을 읽는다고 해서 "책 좀 써주세요"라며 출판사에서 찾아올 리도 없다. 한 달에 세 권 읽어서 인생이 바뀌지도 않는다. 무슨 요행을 바라고 그 정도의 노력으로 인생이 달라지기를 바라겠는가. 그러나 이 실망감이 곧 나와 독서의 연을 싹둑 자르는 순간이 되어선 안 됐다.

가늘어져가는 독서의 끈을 유지하려면 기록이 필요하다. 뿌듯함만 남는 독서로는 인생에 실질적인 변화를 만들기 어렵다. 그래서 "당신은 언제부터 인생이 달라졌나요?"라고 묻는다면, 나는 두 번의 순간을 꼽는다. 4년 전 블로그에 첫 글을 올렸을 때, 그리고 2년 전 유튜브에 첫 영상을 업로드했을 때. 독서 덕분에 생각의 수준이 나아지기는 했지만, 내 눈으로 확인할 수 있었던 인생의 전환점은 세상에 나를 알리기 시작한 순간이었다.

책을 읽어도 인생이 바뀌지 않았던 이유

왜 독서를 해도 인생이 바뀌지 않았는지 핵심적인 이유부터 살펴보자.

> "세상은 이론이 아닌, 사건이 존재한다."
>
> 최진석

갑자기 이게 무슨 소리인가 싶겠지만, 독서로 인생을 바꾸고 싶은 이들에겐 귀한 문장이라 생각하기에 좀 더 설명해보겠다.

우리가 살을 맞대고 살아가는 현실은 책의 '이론'일까, 아니면 실제 '사건'일까? 두 발을 딛고 살아가는 이곳은 이론이 아니라 사건의 연속만이 존재한다. 이걸 어찌 알았는지, 열한 살 아이들도 수업을 듣다 내게 따지듯이 묻는다. "선생님, 분수의 덧셈 같은 거 꼭 배워야 해요? 배워서 어디에 써요?" 역시 아이들은 나이만 어릴 뿐, 통찰력은 어리지 않다.

당황했다. 분수의 덧셈을 열심히 배웠지만, 솔직히 실제로 써 본 적은 거의 없으니까. 최진석 교수의 '이론과 사건'을 생각해 보자. 교과서가 알려주는 건 누군가 미리 만들어놓은 공식, 즉 이론이다. 막상 정글 같은 현실에서는 교과서 공식대로 해결되지 않는 사건들이 넘쳐난다. 교과서에서 이론을 외우고 문제집을 몇 권 풀어도, 우리는 교과서 속에서 살아가지 않는다. 이론보다 사건이 그득한 인간적인 세계에서 살아간다.

독서도 그렇다. 책에는 수많은 현자의 이론이 담겨 있다. 베스트셀러만 봐도 TED 강연 1,000만 뷰 강연자의 이야기가 있고, 고전에는 수백, 수천 년이 지났어도 유효한 철학자들의 통찰이 있다. 감히 그들의 '이론'에 평을 내릴 수도 없다. 그래서 우리는 책을 계속 읽기만 한다. '뭘 먹으면 저 사람들처럼 통찰력이 생길까?'라며 새로운 지식에 감탄하고 읽기를 멈추지 않는다.

애석하게도, 세상은 이론을 줄줄 외운다고 나를 알아주지 않는다. 내가 유발 하라리의『사피엔스』를 고생하며 읽었다고 해서 우주가 나를 중심으로 돌진 않는다. 생각의 크기는 커졌지만, 눈앞에 이렇다 할 만한 변화는 보이지 않는다. 적어도『사피엔스』를 읽었다면, 길가에 있는 깡통이라도 발로 차야 한다. 그제야 사람들은 나를 보기 시작한다. "어, 저기서 요란한 소리가 나는데? 저기 사람이 있었네?" 세상은 이론이 아닌 사건이 실재하는 곳이기 때문이다. 바로 그 깡통을 찬 '사건'으로 인해 인생은 달라진다.

깡통을 찼더니 찾아온 인생의 변화

내게 그 깡통은 블로그와 유튜브였다. 책만 읽고 가만있지 않았다. '나 좀 봐주세요!' 하는 마음으로 깡통을 찼다. 별 내용 없어 보이는 글도 블로그에 올렸고, 말주변 없는 내가 독서법 영상을 유튜브에 업로드했다. 이런 걸 누가 보겠나 싶었는데, 조회 수가 점점 늘어갔다. 깡통을 차니 세상이 비로소 나를 주목하기 시작했다.

계속 찼다. 깡통도 매일 차다 보면 실력이 는다. 처음 쓴 글보다 어제 쓴 글이, 처음 올린 영상보다 오늘 올린 영상이 좋아지는 걸 보면 말이다. 그러다 삶에 큰 변화가 찾아왔다. 오디오북 채널을 시작한 지 4개월쯤 됐을 때, 한 영상이 조회수 20만을 돌파하고 구독자가 1,000명을 넘었다. 얼떨떨했다. 이게 무슨 일인지. 갑자기 생각지도 못한 일들이 연거푸 일어났다. 그때 느꼈다. 깡통이라도 차기만 하면 세상은 나를 알아봐준다는 것을.

'결국 블로그나 유튜브를 하라는 얘기야?'라고 생각할 수도 있다. 가까운 지인이 묻는다면 "네! 무조건 하세요"라고 말하겠지만, 사람마다 상황이 다르기에 섣불리 권유하긴 어렵다. 다만 남들이 잘 하지 않는 '독서'를 했다면, 그만큼 자랑스럽게 깡통을 차보라. "나 여기 있어!"라고 과감히 알려보란 말이다.

책을 읽고 인생이 바뀌었다고 말하는 사람들은 하나같이 그들만의 '깡통'이 있었다. 워런 버핏, 스티브 잡스, 빌 게이츠, 일론 머스크, 손웅정 감독까지. 워런 버핏은 독서로 얻은 통찰을 '주식 시장'에, 스티브 잡스는 '아이폰'에, 손웅정 감독은 독서에서 건진 생각을 '축구'라는 깡통을 차며 세상에 자신을 알렸다. 그들은 책상에만 앉아 있지 않았다. 읽고 나서 독서에서 얻은 이론을 사건으로 만들었다.

책에서 얻은 지식은 내 머릿속, 내 공간에만 있다. 그것을 밖으로 꺼내는 순간 남의 공간에도 존재하게 된다. 볼품없는 글이라도 한번 올려두면 흔적이 남는다. 흔적은 나를 벗어나 누군가에게 영향을 주고, 바깥에 물리적인 변화를 일으킨다. 아무리 작은 흔적일지라도 시간이 흐르면 세상 곳곳에 퍼져나간다.

"조금 더 기다려보세요, 더 참고 읽어보세요"라고 말하고 싶지 않다. 독서는 견디는 게 아니니까. 독서는 무거워서는 안 되니까. 대신 작은 행동부터 시작해보라고 권한다. 무언가 굉장한 결과를 내기보다는, '독서는 시간 낭비다'와 같은 허탈한 마음만이라도 덜어낼 수 있으면 된다. 바깥으로 나가 깡통을 시원하게 한번 차보자. 당신이 나를 알아준 것처럼, 누군가는 분명 당신을 알아줄 거다. 나는 당신이 끝까지 독서를 놓지 않았으면 좋겠다. 우리 같이 책 읽는 어른으로 살아가자. 폼 나는 어른으로. 이 말은 3년 뒤, 5년 뒤의 나 자신에게도 건네는 말이기도 하다.

8

기록의
맛

쓰는 맛

이상한 습관이 생겼다. 헬스장에서 덤벨을 들다 말고 탈의실로 들어간다. 갑자기 떠오른 글감을 적어두기 위해서다. 호수를 산책하다 '영원회귀'를 떠올린 니체를 여기에 가져오는 건 도리가 아니지만, 여하튼 나에게도 이상한 습관이 생겼다. 밥을 먹다가도, 샤워를 하다가도 문득 아이디어가 떠오르면 날아가기 전에 얼른 적어둔다.

앞서 이야기한 '헬스장에서 만난 어르신의 등산 얘기' 역시 이 이상한 습관 덕에 얻은 글감이다. 평소였으면 그냥 웃으며 들

고 말았을 텐데, 귀가 쫑긋한다. 듣다 보면 내 생각과 접점이
생기는데, 그 부분은 책에서도 얻을 수 없는 경우도 있어 바로
기록한다. 기록하는 습관 덕분에 남의 말을 더 귀담아듣는 습
관이 생겼다.

샤워를 하다 말고 "수자, 수자……" 하고 중얼거리는 남자를
보면 의아할 것이다. 날아가는 생각을 붙잡아 기록하기 위해서
다. 앞 글자를 따서 줄임말을 만들었다. '수력 발전소 이야기를
원고에 쓰자'와 '자기계발서가 좋다는 글을 SNS에 쓰자'라는 두
가지 생각이었다.

욕실에서 뛰어나와 스마트폰에 "수력발전소, 자기계발"을
휘갈긴다. 몇 초만 늦어도 생각이 날아갈까 봐 마음이 급해진
다. 지켜보는 아내는 도대체 뭘 저렇게까지 싶겠지만, 한번
놓치면 영영 돌아오지 않는 생각을 붙들려면 어쩔 수 없다.

나는 어릴 때부터 기록의 맛을 알고 있었다. 초등학생 때 일
기장 19권이, '1학년 잎새반 박세영'의 일기부터 '6학년 햇살반
박세영'의 일기까지 안방 서랍에 고스란히 쌓여 있다. 초등학생
이 일기장 19권을 모을 수 있었던 이유는 한 권씩 쌓는 재미에
빠졌기 때문이었다. 맨 아래 깔려 있는 1학년 때 일기장을 볼
때마다 다음 일기장을 쓰고 싶어졌고, 그렇게 세 권, 네 권 모
으는 즐거움이 생겼다. 결국 19권까지 버리지 않고 간직할 수
있었다.

쌓는 맛

나는 MBTI 검사를 해도 늘 P가 나온다. 그만큼 즉흥적으로 사는 편이다. 그런 내가 기록에 빠지게 된 데에는 어떤 맛이 있기 때문일까?

'축적'이다. 기록의 진짜 재미는 쌓는 맛에서 온다. 이건 나만의 이야기가 아니다. 사람은 원래 무언가를 쌓고 모으는 걸 좋아한다. 동네 뒷산만 가봐도 등산로 옆 돌탑을 볼 수 있다. 누가 맨 처음 돌멩이 하나를 놓았든, 지나가는 누군가가 '나도 좋은 기운을 보태자'며 그 돌 위에 또 다른 돌멩이를 얹었든, 그렇게 돌들이 차곡차곡 모인다. 바닷가에서도 그렇다. 아이들은 하나같이 모래성을 쌓는다. 양팔로 힘껏 쓸어 모아 모래성을 쌓고 또 쌓는다. 아이들도 쌓는 맛을 안다.

이런 우리의 본성을 이용하는 자들이 있다. 기업이다. 고향집에 내려가면 어머니께서 스마트폰 화면을 들여다보면서 아쉬워하신다. "오늘 6,000보밖에 안 걸었네." 만보기 앱이다. 걸으면 걸을수록 숫자가 쌓이고, 숫자는 포인트로 전환되어 물건을 사는 방식이다. 얼마나 똑똑한 기획인가. 사람들의 수집 욕구를 걸음걸이와 포인트로 연결하다니. 어머니가 아쉬워하실 만하다.

아직도 쌓는 맛이 뭔지 모르겠다면, SNS에 들어가보자. 스크

롤을 내리다 보면 얼마 지나지 않아 이런 제목이 보인다. "14일 차, 오늘도 운동 완료!" "미라클 모닝 46일째 성공!" 이런 제목에는 공통점이 있다. 숫자가 들어간다. 여기서 숫자는 첫째, 둘째와 같이 단순한 순서를 의미하지 않는다. 지난달에도, 오늘도 해냈고 내일도 이어갈 것이라는 축적의 의미다. 나 역시 책을 읽고 '21권, 22권' 하나씩 세어나간다. 한 권, 또 한 권 더해지는 재미가 다음 독서를 도전하게끔 이어주는 역할을 한다.

그야말로 기록의 대가 한 분을 소개한다. 『고전이 답했다』의 저자 고명환 작가다. 오늘 아침에도 그의 채널에는 어김없이 영상이 올라온다. 제목은 "아침긍정확언 1143일째! 좌절은 내가 나를 속이는 것!" 말이 1,143일째지 햇수로 3년을 훌쩍 넘는다. 하루도 빠짐없이 매일 영상을 올렸으니 지금까지 쌓인 영상만 1,143개다.

매일 영상을 올릴 수 있었던 그의 비결은 뭘까? 원래 끈기가 남달랐을 수도 있다. 하지만 누구에게나 몸이 아픈 날, 바쁜 날은 있기 마련이다. 그럼에도 매일 이어갈 수 있었던 비결은 제목 앞의 숫자가 아닐까 싶다. 공들여 쌓은 숫자는 그간 노력의 증거가 되고, 앞으로도 이어나가야 한다는 약속이 된다. 그렇게 숫자는 그의 끈기를 시각화하는 강력한 도구가 되었다.

나 또한 숫자의 힘을 빌려 글을 쓰고 있다. 아침 9시 30분에 시작한 글을 밤 11시가 되어서야 마무리 짓고 있다. 중간중간

다른 일로 자리를 비운 것도 있지만, 그것보다 글쓰기가 좀처럼 손에 잡히지 않아 오래 걸렸다. 이런 날은 노트북에서 손을 떼고 쉬고 싶기도 하지만, 그래도 글을 쓴다. 어제는 글쓰기를 시작한 지 32일차 되는 글이었고, 오늘은 33일차 글이었기 때문이다. 숫자가 뭐라고 끝까지 포기하지 않게 만들어준다.

나만의 서사, 아카이빙

현재 나는 초등학교 교사이자 작가이자 도서 크리에이터다. 아, 깜빡했다. 가장 중요한 건 남편! 그리고 아빠이기도 하다. 몸은 하나인지라 하루가 벅찰 수밖에 없다. 그렇다고 어느 하나 포기하기도 싫다. 욕심이 많아 다 하고 싶다.

나는 기록을 택했다. 그리고 기록에 의지했다. 학교에 있으면 교사로, 아이와 있으면 아빠로, 노트북과 있으면 작가로. 내 몸뚱이는 지금 당장 여기에 있는 일을 할 수밖에 없다. 반면, 기록은 시간에 구애받지 않고 공간에도 제한이 없었다. 학교에서는 교사로서 필요한 것을 기록하고, 집에선 아이가 잘 먹는 반찬을 적어두고, 도서 콘텐츠와 글감은 틈틈이 메모해두었다. 모든 걸 동시에 해낼 수 없기에 나는 기록에 기댈 수밖에 없었다.

'아카이빙archiving'이라는 말을 들어봤는가? 쉽게 말해, 기록을 정리하는 행위다. 나는 생활 곳곳을 아카이빙한다. 샤워하다 떠오른 생각은 미리 만들어둔 공간에 넣어두고, 유튜브에서 괜찮은 내용을 보면 간략히 요약해놓는다. 책 한 권을 읽었다면 '꿀을 모은다'는 느낌으로 내 기록방에 저장해둔다. 그리고 나는 지금 그 기록의 맛을 제대로 느끼는 중이다.

> "가장 경쟁력 있는 상품은 '서사Narrative'이다. 성장과 좌절이
> 진실하게 누적된 나의 기록은 유일무이한 나만의 서사다."
>
> 『시대예보, 핵개인의 시대』 중에서

당신의 기록은 무엇이 있는가. 회사 직책이 기록의 전부라면 그건 내 기록이 아니라 회사의 기록이다. 오직 서평만으로 기록을 대신하고 있다면 ChatGPT에게 금방 따라잡힐 위험이 있다. 더 이상 남의 것을 기록하지 말고 나만의 것을 기록해보자. 남의 지식을 내 것으로 소화해 새로운 '손맛'을 만들어내는 거다. 시중에서 파는 음식보다 부모님의 집밥이 더 맛있는 건 정성 덕분이다. 기록에도 나만의 손맛을 담아보자.

5장

시작은 가벼웠지만,
변화는 가볍지 않습니다

1

고민
중독

공무원으로 살던 삶, 책이 흔들기 시작하다

"저, 이렇게 살아도 괜찮을까요?"

당신에게 털어놓는다. 참 무례한 작가다. 기껏 귀한 시간을 내어 본인 책을 읽고 있는 독자에게 하나라도 더 도움을 주지는 못할망정, 뜬금없이 고민을 들어달라고 하니 염치도 없는 작가다. 그럼에도 고민을 털어놓고 싶었다.

누구에게도 속내를 털어놓은 적은 없다. 부모님도 모른다. 물심양면으로 도와주며 초등교사가 되길 바라셨던 부모님이 아들이 이런 '딴생각'을 하고 있다는 사실을 알면 마음이 편하실까? 공무원이 이런 꿍꿍이를 갖고 살아가는 걸 교육청에서 알아도 내 신분이 괜찮은 걸까?

나조차도 내 속내를 알지 못했다. 스무 살, 교육대학교에 들어가면서 나는 평생 초등교사의 삶으로 살아갈 거라 생각했다. 스물아홉 살, 결혼하면서 안정적이고 평범한 남편이, 아빠가 되겠다고 다짐했다. 그때그때의 선택은 내면의 판단보다 '이 정도면 괜찮은 삶이겠지?'라는 평범한 기준에 따랐던 것 같다.

이야기를 나누다 보면 평소 꺼내지 않던 말이 툭 튀어나올 때가 있다. 아차 싶지만 이미 뱉은 말은 주워 담기 힘들다. 어쩌면 그 말이야말로 진짜 속내인지도 모른다. 언제부터였는지 모르지만, 마음 깊숙이 자리 잡고 있어 들춰보지 않았던 이야기, 그리고 거기에 담긴 솔직한 감정들. 그런 속이야기를 털어놓기 시작했다. 책을 읽으며 '나 자신'을 마주하면서 말이다. 그리고 그 이야기 속에는 미처 알지 못했던 감정들이 숨어 있었다. 그 중, 당신에게 털어놓으려고 했던 한 감정도 떠올랐다.

'불안'이다. '내가 정말 이렇게 살아도 되는 걸까?' 초조함, 예민함, 그런 불청객들이 계속 찾아왔다. 나에게 스트레스를 주는 존재는 그 무엇도 없었다. 가족 모두 건강했고, 경제적으로 문제도 없었다. 내가 스스로를 불안하게 만들고 있었다. '속은 걸까?' 독서를 하면 멘탈이 강해진다면서, 잠만 잘 자던 내게 불면증이 오다니. 읽으면 읽을수록 불안해졌다. '이유가 뭘까?

아직 독서량이 부족한 걸까?'

처음으로 내 기준을 만들다

독서는 나를 공터에 던져놓았다. 그곳에서 나는 나와 멀뚱히 앉아 있었다. 생각해보면 둘은 평생을 같이 지냈으면서도 진솔하게 감정을 꺼내어본 적은 없었던 것 같다. 일상을 정신없이 보내고, 밤이 되면 더욱 가까이 얼굴을 맞댔다. 이야기를 꺼낸다. '앞으로 어떻게 살고 싶은데? 책이 좋다고 책으로 밥벌이를 한다고? 그게 진짜 가능한 일이야? 자기계발서는 이미 성공한 사람들 이야기잖아. 그거 읽고 성공하면 누구나 다 성공하겠지. 대답해봐.' 잠을 자려 해도 꼬리에 꼬리를 무는 생각이 멈추질 않았다. 생각이 자야 나도 자는데, 생각은 잘 생각이 없었다.

불안했던 이유는 하나였다. 앞이 보이지 않았다. 운전을 하다가도 앞유리에 성에가 끼면 불안한 감정이 들어온다. 얼른 앞이 훤히 보이도록 와이퍼로 닦아낸다. 나도 얼른 닦아내고 싶었다. 흐릿한 미래를 누가 와서 싹 닦아줬으면 싶었다. 책을 읽으면 읽을수록 미래는 더 뿌옇게만 느껴졌다.

누군가 걷지 않는 길을 걷는 건 처음이었다. 10대 시절의 입시 공부는 누군가 이미 그 길을 걸어갔기 때문이다. 정년퇴직까지 평생 교사의 삶을 살기로 마음먹었던 건 다들 그렇게 살아가고 있었기 때문이다. 나보다 먼저 인생을 산 사람들의 발자취를 따라 걷기만 하면 앞이 훤히 보였다. 그속에서 나는 길을 잃지 않고 평온함을 느끼고 있었다. 그런 내가 책을 읽기 시작한 이후 난생처음으로 그 길을 벗어나고 있다. 혼자 다른 길을 걷기 시작했다. 그래서 불안했다.

『탁월한 사유의 시선』의 최진석 교수는 한 강연에서 청중에게 묻는다. "당신은 한 번이라도 기준의 생산자가 되어 살아본 적이 있는가?" 어렸을 때는 부모님이 정해주신 기준대로 살아간다. 밥 먹기 전에는 손을 깨끗이 씻어야 하고, 함부로 위험한 곳에 가서는 안 된다고 배웠다. 청소년이 되어서는 교육 시스템이 만든 기준대로 살아간다. 학생이 머리를 길게 기르면 처벌 받는다는 걸 당연하게 생각했고, 입시만 준비하라 해서 앞만 보고 공부했다. 어른이 되어서도 기준은 밖에 있었다. 대학생이라면, 공무원이라면, 아빠라면······.

책이 내게 준 확신

나는 왜 여태껏 기준을 외부에만 두고 살았을까. 사실 나뿐만

이 아니다. 나이를 막론하고 아직 '진짜 나'를 찾지 못한 이가 얼마나 많은가. 왜 그럴까?

> "아이들은 자라면서 이성적으로 생각하고 판단하라는 이야기를 수도 없이 듣는다. 그러다 보니 자꾸만 내부 신호를 놓쳐버리는 것이다. 인생의 중요한 문제일수록 자신이 좋은지 싫은지를 잘 느끼는 것 자체가 중요한 판단 기준인데도 불구하고 점점 느끼지 못하게 된다. 결국 감정을 잘 느낄 수 없으면 우리는 자신이 누구인지를 잃어가고 스스로 무언가를 행동할 수 없게 된다."
>
> 『스스로 살아가는 힘』 중에서

감히 용기 낼 수 없었다. 한 사람의 말보다는 99명의 의견이 옳고, 어린아이의 생각보다는 어른의 생각이 대개 옳고, 개인의 용기보다는 사회적 시선의 힘이 셌다. '나'의 마음을 존중하고 '나'만의 기준을 세워야 할 시기에 '남'들이 만들어놓은 기준에 맞춰 살아왔다. 어른은 어른이었지만, '나'를 모르는 어른이었다.

불안한 게 당연했다. 처음으로 내 인생의 기준을 만들어가는 중이니 불안한 게 다행이었다. 불안하지 않았다면 불안함을 느낄 필요조차 모르고 지냈을 게 분명하니까. 물론, 지금도 여전히 불안하다. 정말 내 생각대로 인생이 풀릴지, 아니면 뒤늦게 '괜히 남들과 반대로 걸었구나' 하고 후회할지. 집에는 나를 바라보는 아내와 딸이 있다. 때로는 내 꿈을 접고 현실에 타협해야 할 수도, 현실에 만족하며 살 수도 있다. 그럼에도 나는 이 불안을 계속 안고 가려 한다. 독서를 통해 간신히 마주한 내 진심을 외면하고 싶지 않다.

당신에게도 말하고 싶다. 불안해도 괜찮다고, 오히려 '잘 가고 있다'고 말이다. 책을 읽다 이상하게 마음이 흔들리는 시기가 온다면, 기쁘게 맞이하자. 드디어 남들이 만들어놓은 기준에서 벗어나 내 방식대로 살아가고 싶다는 신호다. 책을 읽다 고민이 생긴다면 염치없는 작가 양반처럼 어딘가에 털어놓아보자. 쓰다 보면 불안은 사라지고 확신이 점차 차오른다. 고민하며 살아간다는 건 내가 나의 삶을 살아가고 있다는 증거임을 기억하자.

2

실버버튼,
남의 일인 줄만 알았습니다

인생 역전은 아닙니다만

"마케팅 영업부입니다. 60만 원 지원해드릴게요."

보이스피싱에서나 듣던 말이었다. 나한테 돈을 준다고? 사기는 아니었다. 내가 정중하게 거절한 것을 보면 말이다. 오디오북 채널을 운영한 지 1년 6개월쯤 되던 때였다. 제법 규모 있는 출판사에서 메일이 왔다. 책을 홍보해주면 제작비로 60만 원을 지원해준다는 협찬 제안이었다. 살면서 처음 받아보는 제안이었다. 누군가, 심지어 기업에서 도와달라고 부탁을 하다니. 고맙지만 제작은 어렵겠다고 답장했다.

안방 책상 한편에 실버버튼이 놓여 있다. 택배상자를 뜯고 꺼낼 때 얼마나 기뻤는지. 안경닦이로 몇 번이고 닦았다. 가문의 영광이라면서 딸이 클 때까지 간직하리라 마음먹었다. 받은 지 6개월이 넘어가는 지금은 별 감흥이 없다. 실버버튼 받았다고 어디서 상을 주는 것도 아니고, 가까운 지인에게도 알리지 않았기에 내 일상은 평소와 다를 바 없이 흘러간다.

누군가 물을 수도 있다. 실버버튼 받으면 인생 역전하는 거 아니냐고. 전혀 아니다. 구독자가 14만 명이 되어가는 지금, 나는 여전히 직장에 다닌다. 오늘 점심에 먹은 뼈다귀해장국이 9,000원이라는 사실에 안도한다. 만 원은 넘지 않았다면서 말이다. 사업을 하는 분이라면 유튜브를 통해 수익을 극대화할 수 있겠지만, 내 경우 조회 수로 들어오는 광고 수익이 전부다. 인생 역전은 아직 먼 얘기다.

하지만 실버버튼은 돈 이상의 가치를 내게 주었다. 예전엔 몰랐던 새로운 '관점'을 얻었다. 독서를 보는 관점, 그리고 세상을 보는 관점 말이다.

독서는 현실을 바꾼다

'책을 읽으면 성공한다'는 고리타분한 말을 믿긴 했어도 마음

깊숙이 받아들이지는 않았다. 불신이었다. 자기계발서에 보면 저자들이 하나같이 '책을 읽고 성공했다'고들 말한다. 정말일 까? 정말 책을 읽어서 성공한 걸까? 성공하려고 책을 쓴 건 아 닐까? 혹은 이미 성공하고 나서 뒤늦게 '독서 덕분'이라며 인과 관계를 포장한 건 아닌지 의심했다.

나도 예외 없다. 당신도 그런 눈으로 이 책을 보고 있을 수 있 다. 다행이다. 당신의 독서 감각은 무뎌지지 않았다. 여전히 예 리하다. 예상대로 나는 크게 성공한 사람은 아니며, 도덕적인 사람도 아니다. 이 책이 많이 팔려서 돈도 왕창 벌고 싶다. 이 런 상황에서 내가 감히 당신에게 건넬 수 있는 말은, 독서와 성 공의 등식이 아니다. 다만, 독서는 '추상적인 생각'을 '물리적 현실'로 바꿀 수 있는 꽤 쓸 만한 도구라는 점이다.

이를테면 실버버튼을 받은 건 내 선천적 재능과 끈기의 결과 라고 치자. 그렇다면 실버버튼과 독서의 인과관계는 끊어진다. 책을 읽지 않아도 실버버튼을 받을 운명이었을지 모른다. 그러 나 나에게는 실버버튼뿐만 아니라 내가 집필한 책이 있고, '책 읽는어른'이라는 브랜드도 있다. 또한 북토크와 전자책도 계획 하고 있다. 오롯이 재능과 끈기로만 설명하기엔 '독서'와 연결 된 결과물이 너무 많다.

매달 월급날만 손꼽아 기다리던 내가 이제는 온라인에서 콘 텐츠를 발행하고, 오프라인에서 책을 기반으로 한 사업을 구상

하며 살아가는 모습을 그려본다. 책을 쓰고, 강연을 하고, 좋은 사람들과 만나 예상치 못한 화학작용이 일어나기도 한다. 누구나 인정할 만한 성공은 이루지 못했지만 적어도 독서가 현실을 바꾸는 데 있어서는 꽤 신뢰할 만한 도구라는 점은 증명하고 있는 듯싶다.

나도 세상도 달리 보기 시작하다

세상이 다르게 보였다. 동시에 세상도 나를 다르게 보기 시작했다. 내가 세상을 바라보는 관점과 세상이 나를 바라보는 관점 두 가지가 맞물려 변했다.

나는 우물 안 개구리였다. 한 번의 실패도 없이 수능과 임용고시에 합격해 지금에 이르렀다. 운이 좋은 줄 알았다. 아니었다. 실패하지 않았던 이유는 운이 좋아서가 아니라 시도를 한 번밖에 안 했다는 말이기도 했다.

인생을 살며 중간중간 주사위를 던진다고 치자. 5 이상이 나오면 성공이다. 수능 때 한 번, 임용고시 때 한 번, 주사위를 던졌다. 운이 좋았는지 5와 6이 연달아 나왔다. 그 이후로 주사위를 던지지 않았다. 쳐다보지도 않았다. '던질 수 있다'는 사실조차 잊었다. 서른에 가까워질 때까지 5 더하기 6은 11, 즉 '11'이라는 숫자를 평생 자산이자 나의 높이라고 생각하며 살아갔다.

  문제는 내가 만족하지 못했다는 데 있었다. 나보다 큰 숫자를 가진 사람들만 보면 질투했다. 지하주차장에 세워진 BMW만 봐도 '에휴, 차 할부 값만 얼마야', '젊어 보이네. 딱 보니까 부모가 재산이 많구만' 하고 속으로 깎아내렸다.

  애써 합리화했다. 내가 가진 건 11인데, 남들은 20, 50, 100 같은 더 큰 숫자를 가지고 있었으니까. 자격지심과 오류가 가득했다. 내가 사는 기준이 가장 정상적인 범주라고 여겼고, 그러지 않은 이들은 '무슨 편법을 쓴 게 틀림없다'고 생각했다. 세상을 오직 내 시선과 내 기준으로만 바라보고 판단했다.

  내가 틀렸다. 그들은 더 넓은 세상에서 자신만의 방식으로 치열하게 살아가고 있었다. 유튜브라는 세계에 들어가 보니 끊임없이 공부하고 변화하는 시대에 맞추려 애쓰는 사람들이 넘쳐났다. 나도 마케팅과 브랜딩 책을 보며 우물 밖으로 나왔다. 읽고 행동하고, 또 읽고 실천하면서 지금까지 내가 우물 안에서 얼마나 좁게 살았는지를 깨달았다.

  좁은 세상에서 살았던 나에게 세상이 불합리하게 보이는 게 당연했다. 여태 믿고 살았던 삶의 공식이 세상에서는 통하지를 않으니까. 그러나 우물 밖으로 발을 살짝 내놓고 보니, 세상은 꽤나 넓고 따뜻했다. 스레드에 올린 짧은 일상 글에도 많은 분들이 응원을 보내주었고, 서툰 유튜브 영상에도 구독자들은 따뜻한 댓글을 달아주었다. 충분히 잘 하고 있다고. 덕분에 독서의 가치를 알게 되었다고. 어찌 보면 세상이 나를 다르게 보기 시작했다는 말은 틀린 얘기였다. 세상은 원래 그 자리에 존재했었다. 그렇게 못 살 만한 세상도 아니었고, 나를 못 살게 구는 세상도 아니었다.

세상은 그대로다. 바뀐 건 나다

"바뀐 것은 없다. 단지 내가 달라졌을 뿐이다. 내가 달라짐으로써 모든 것이 달라진 것이다."

마르셀 푸르스트

책도 그러했고, 세상도 그러했다. 수백 수천 년 전부터 원래 자기 모습대로 존재해왔다. 달라진 건 나의 관점이었다. 독서로 인생을 바꿀 수 있었던 건 책이 변한 게 아니라 내가 변했기 때문이다. 세상이 나를 다르게 보기 시작했던 건 세상이 변한 게 아니라 내가 변했기 때문이다. 프루스트의 말처럼, 내가 달라지자 모든 것이 달라졌다.

'○○을 해서 인생이 변했다'는 작가의 말에 독자는 오히려 거리감을 느끼는 게 아닐까? 난 저렇게까지 못했는데 하는 허탈감으로 행동할 힘을 잃어버리는 건 아닐까? 저 사람은 저렇게까지 했는데 나는 여태껏 뭘 했나 하며 스스로를 옥죄는 건 아닐까?

그런 생각을 하는 사람들에게 나의 이야기를 들려주고 싶다. 행동하라는 말, 실패해도 괜찮다는 말을 듣고 나는 움직였다. 오디오북을 처음 시작할 수 있었던 건 동네 서점에서 '이거다!' 싶은 두 권의 책을 샀던 게 계기였다. 제목만 보고 '이 책으로 첫 오디오북을 만들어보자'는 마음으로 시작했다. 지금 보면 너무나도 부족한 영상이지만, 그 속에 담긴 가치는 가늠할 수 없을 정도로 크다. 그때만 해도 실버버튼은 남의 일이라고 생각했다. 설마 우리 집 안방 책상 한편에 놓일 줄이야. 지금은 안다. 책을 읽고 행동하면 정말 내가 이루고 싶은 것들을 이루며 살 수 있다는 것을.

내향적인 사람이
나대기 시작했습니다

내가 혼자 지내는 이유

내향인 35년차. 누군가 나를 찾는다면, 대신 말해주길 바란다. "부디 저를 찾지 말아주세요." 나는 혼자 있기를 좋아한다. 그것도 아주 많이. 회식보다는 홀로 카페 가기를 좋아하고, 지인들과 나누는 술 한 잔보다 서점에서 책을 읽을 때 도파민이 샘솟는다. 밤 열 시가 넘도록 아파트 카페에서 혼자 글을 쓰고 있어도 전혀 외롭지 않다. 차분한 이 순간을 즐긴다.

30년 넘게 내향인으로 살아온 나, 최근에야 그런 나의 모습을 진심으로 존중하기 시작했다. 어릴 때는 내 성격이 '틀렸다'

고 여겼다. 한창 친구들과 어울릴 시기에도 혼자 지내는 걸 좋아했던 내 모습을 고치려고 했다. 어머니에게도 걱정거리였다. "아들, 밖에 나가서 좀 놀아." 누구네 아들은 밖에 나가면 들어오지를 않는다는데, 내향적인 아들은 집에서 좀처럼 나가지 않았다.

어울리기 좋아하는 외향적인 친구는 늘 무리의 중심이었다. 반면, 나는 마음 맞는 친구 한 명만이 유일한 동료였다. 그러다 보니 소심한 나는 틀렸고, 활발한 친구는 옳았다고 믿었다. 내향성과 외향성은 일직선상에 놓인 숫자 같았다. 나는 1에 있고, 활발한 친구는 10에 있어서, 언젠가는 나도 10에 닿도록 노력해야 한다고 생각했다. 고민이었다. 나는 대체 왜 사람들과 어울리는 것보다 혼자 있는 걸 좋아할까?

책은 서서히 다가왔다. 괜찮다고 말을 직접 건네지도 않았다. 어떤 분야의 책이든 상관없었다. 어느 순간부터인지는 모르지만 조금씩 나를 받아들이고 존중하기 시작했다. '만나고 싶은 사람만 만나도 괜찮아. 굳이 인간관계로 스트레스 받을 필요 없어.' 책을 읽으며 내향적인 나의 모습 자체를 응원했다.

더 가까이, 책은 과거의 모습까지 비춰주었다. 이전에는 '나'라는 사람을 거울에서만 비춰봤다면, 이제는 하늘 위로 올라간 드론이 나를 비춰보는 것 같았다. 저 멀리 위에서 이리저리 돌아다니며 나를 사방에서 관찰했다.

그리고 한 시선에서 멈춰 섰다. 학창시절이었다. 나는 혼자 있기를 좋아하는 사람이라기보다 사람을 멀리할 수밖에 없었던 사람이었다. 10대에 겪었던 다소 우중충한 일들이 나를 잠식해왔음을 깨달았다. 어른이 되어서도 사람을 만나길 꺼려한 건 내향적 성격에 더불어 '나를 지키기 위한 방패' 때문이었다고 책은 말해줬다.

　방패가 필요했다. 다른 사람이 내게 침범하지 못하도록 막아주는 단단한 보호막 말이다. 책을 읽고 글을 쓰다 보니 학창시절에 겪었던 괴롭힘이 수면 위로 올라왔다. 20년 전만 해도 학교폭력은 대수롭지 않게 여겨졌다. 특히 남중, 남고는 그야말로 힘의 논리로 평정되는 정글 그 자체였다.

　왜소한 체구의 나는 좋은 먹잇감이 되었다. 쉬는 시간마다 선생님 눈이 닿지 않는 틈을 타 그들은 교묘히 나를 괴롭혔다. 내향적인 성격이었던 나는 별다른 저항을 하지 않았다. 그 몇 년의 시간은 마치 늪에 빠진 것 마냥 저 아래로 계속 빨려 들어가는 날들이었다. 어른들에게도, 학교에게도 알리지 않았다. '여기만 나가자.' 이를 악물고 공부했다.

　그 시절 내가 의지할 건 나 자신뿐이었다. 무너지지 않으려면 내가 나를 치켜세워야 했다. 그들이 나를 괴롭힌들 더 이상 더 깊이 나를 뚫고 지나갈 수 없게 막는 방패가 필요했다. '나는 저들과 다르다. 난 더 나은 사람이다'라는 생각이라도 붙잡아야 살아남을 수 있었다. 그 방패가 옳고 틀린 건 중요하지 않았다. 내가 나를 지키려면 내 마음만큼은 굳건해야 했다.

철갑의 문장

책을 읽으며 스스로를 더 자세히 들여다보았다. 내가 왜 사람 만나는 걸 꺼려했는지, 사람을 쉽게 믿지 않았는지, 혼자 있기를 왜 그렇게 편안해했는지. 단순히 내향성 때문만은 아니었다. 결코 내향적인 내 탓도 아니었다. 그건 생존본능이었고, 나를 지켜내는 최선의 방어기제였다는 걸 알았다. 그리고 그렇게 애쓰며 살았던 나를 더 감싸주었다.

누군가는 이런 내가 '인간관계도 제대로 못 만들고, 자기밖에 모르는 이기적인 사람'이라 말할 수 있다. 모두 맞는 말이다. 그러나 나를 바꿀 생각은 없다. 이제야 애쓰고 살았던 나를 위로하고 응원을 보내고 있는데, 또다시 남들 생각에 맞춰 나를 바꿀 수는 없다.

이제는 누구도 나를 건드릴 수 없다. 나의 인생을 좌우하는 건 나 자신 외에는 그 어떠한 것도 없다. 그게 어떤 개인이 되었건 어떤 단체가 되었건 한 나라가 되었건 나의 마음을 깨고 들어올 수 없다. 책을 읽고 글을 쓰면서 마음이 단단해졌다. 작가들의 말 한마디 한마디가 나를 강인하게 만들어줬다. 아우슈 비츠 수용소에서 나치의 온갖 고문을 견뎌낸 빅터 프랭클은 이를 '철갑'이라는 단어로 표현했다.

> "그는 처음 아우슈비츠에 옮겨지던 날 그를 감싼 이름 모를 공포에 대해, 그리고 점차 그 공포에 무감각해진 과정에 대해 매우 자세히 기록했다. 심리학자로서 그는 이러한 감각의 둔화를 '수감자의 영혼을 그때그때 감싸는 데 꼭 필요한 철갑'이라고 해석했다."
>
> 『확신은 어떻게 삶을 움직이는가』 중에서

감히 빅터 프랭클이 겪은 고통과 나의 괴로운 기억을 비견할 수는 없지만, 나에게도 철갑이 필요했다. 나를 지켜낼 수 있는 단단한 것, 그건 내게 독서였다. 책에서 만난 문장들, 또 거기서 나온 나의 생각은 나를 감싸주는 갑옷이 되어줬다. 과거가 어떠하든 앞으로 어떤 미래가 벌어져도 '나 자신'만은 무너지지 않도록 지탱해주는 존재다.

내 안이 단단해지자 밖으로 나갈 힘이 생겼다. 조금 더 용기를 갖고 사람들에게 다가가고, 편견을 깨고 사람들을 대한다. 나와 비슷한 결을 지닌 사람들을 찾아 나선다. 책을 좋아하는 사람들을 보면 동료를 본 듯 반가워한다.

당신이야말로 나대야 하는 존재

더 이상 20년 전의 퀴퀴한 냄새가 나는 찌꺼기에 매달리지 않는다. 은은한 향이 나는 지금을 가까이 한다. 조금 더 따뜻한 시선으로 세상을 보는 사람들. 책을 읽고 생각을 나누는 사람들. 그리고 지금 이 글을 읽고 있는 당신과 같은 사람을 찾는다. 나는 아직도 차가운 사람이기에 당신과 같은 따뜻한 존재가 곁에 필요하다는 걸 안다.

> "세상에 뛰어들어 자신의 모습을 드러낼 때 우리는 변화한다. 그럴 때마다 우리는 조금씩 용감해진다."
>
> 『마음가면』 중에서

나는 아직도 뛰어들고 싶은 곳이 많다. 나와 같이 내향적인 아이들에게 에너지를 주는 강연자가 되고 싶고, '책읽는어른'이라는 이름을 걸고 북카페를 운영해보고 싶기도 하다. 누군가는 그런 나를 보며 얘기할 것이다. "저 사람은 원래 사업 기질이 있었나보네." "사람들 앞에 나서길 좋아하는 성격인가 봐." 당신만 알아주면 된다. "아니에요. 작가 양반은 원래 소심한 사람이었어요. 사람을 그다지 좋아했던 사람도 아니고요."
나는 지금도 내향인을 좋아한다. 혹시 당신도 내향인이라면 꼭 말해주고 싶은 게 있다. "나대세요!" 있으면 있는 대로, 없으면 없는 대로 세상에 나대보자. 당신처럼 사려 깊고 남들을 배려하는 사람은 세상에 마땅히 나와야 한다. 우리 내향인이 가진 에너지는 세상에 나대기 시작할 때 더 큰 가치를 만든다. 또한, 당신이 나서야 나도 당신처럼 따뜻한 사람을 만나 조금씩 따뜻해질 수 있다. 조금씩 나대보기를 권한다.

4

안전한 공무원 생활에서
불완전한 나를 느꼈습니다

책을 읽고 위기를 느끼다

더 이상 가만히 있을 수 없었다. 전날 밤 잠을 설친 것도 아닌데 여기저기 찌뿌둥했다. 몸에서 끓어오르는 열정 때문인지, 아니면 '이대로 가만히 있으면 위험하지 않을까' 하는 불안감 때문인지 헷갈렸다. 분명한 건 몸부림을 쳐야만 했다. 책을 덮고 침대에 그냥 누워 있을 수 없었다. 자리를 박차고 일어났다. 예전 같았으면 "주말이다!" 하고 컴퓨터 게임을 했을 텐데, 요즘은 도서관으로 간다.

위기를 느꼈다. 위기를 느껴서 독서를 했다기보다 독서를 하면서 위기를 느꼈다.

괜한 위험 조성은 사람들을 불안하게 만든다. 반대로 위험을
모르면 불안 자체를 못 느끼기도 한다. 책을 읽고 몸부림치기
전까지는 별로 불안하지 않았다. 조선시대에 양반 세력들이 세
종대왕의 한글 창제를 반대한 이유도 이와 같지 않았을까. 백
성들이 글을 깨우쳐 기득권 세력의 실체를 알게 되면 결국 '몸
부림'칠 테니 말이다. 실체를 알면 그제야 불안을 느낀다.

책은 조용히 지내던 나를 흔들었다. 가만히 있지 말고 좀 움
직이라고 계속 흔들어 보챘다. 현실을 똑바로 보라고 말했다.
나는 초등교사였고, 공무원으로 평생직장이 보장되었다. 충분
히 만족할 만한 조건이다. 또한 남들이 봤을 때도 부족하지 않
은 생활이다. 65세 정년까지 월급이 끊이지 않고, 일을 하면서
도 보람을 느끼는 꽤 괜찮은 조건이다. 20년 전, 어른들은 말했
다. 공무원만큼 좋은 직장은 없다고. 그런 내게 책은 다시 한번
현실을 보라고 거듭 말했다.

'MZ 세대 공무원의 퇴직률 증가.' '공무원 시험 경쟁률 갈수록

최저점 갱신.' 불과 20년 전에는 너도나도 공무원을 외쳤는데 이제는 상황이 달라졌다. 20년 전 '공무원이면 더 바랄 게 없다'고 굳게 믿었던 내게 이게 무슨 날벼락일까? 책은 나를 흔들어 깨웠다.

독서로 내가 처한 현실을 객관적으로 보게 되었다. 얼마나 노력해서 교사가 되었는지는 중요치 않았다. 세상은 빠르게 변했고, 과거의 노력을 알아봐줄 만큼 너그럽지도 않았다. 세계 각국에 풀린 돈이 오늘 먹는 순대국밥의 가격에 영향을 주지만, 나는 여전히 허리띠를 졸라매는 방법밖에 없었다. 지금 내가 처한 현실의 실체였다.

나에게도 몸값이라는 게 존재하는가?

"나는 얼마짜리 인간인가?"

고명환 작가의 『이 책은 돈 버는 법에 관한 이야기』를 읽으며 스스로 물었다. 내게도 몸값이란 게 존재했나? 종이에 월급을 적고 시간으로 나누었다. 시간당 2만 얼마. 굳이 명세표를 세세하게 들추지 않아도 9년차 초등교사의 몸값은 인터넷 검색 몇 번이면 쉽게 찾을 수 있다. 65세 정년까지 가지 않아도 나의 몸값은 이미 서류에 인쇄되어 있었다.

누군가에겐 배부른 소리일 수 있다. 보이지 않는 곳에서 묵묵히 일하는 분도 있고, 하루하루 힘겹게 살아가는 분들도 많다. 이만큼의 월급을 받고 따뜻한 집에서 글을 쓸 수 있다는 것 자체가 그들의 노고 덕분이다.

다만, 나는 몸값을 상대와 비교하지 않는다. '누구보다 더 잘 먹고 잘살아야지', '어떤 직업보다 연봉을 더 올리고 싶다'는 전혀 중요치 않다. 중요한 건 '예전의 나'와 '지금의 나'가 어떻게 달라졌느냐다. 책을 읽기 전까지 보던 내 가치와, 책을 읽으며 키워온 내 가치를 조금씩 다르게 보기 시작했다. 조금 더 높게, 더 크게 내 몸값을 과대평가한다. '이게 정말 나의 한계인가?' '이게 정말 내가 만들어낼 수 있는 가치의 끝인가?'

과거를 돌아봤다. 10대로 돌아가고 싶다는 말을 주변에서 종종 듣고는 하는데, 미안하지만 전혀 공감할 수 없었다. 앞만 보고 공부했다. 죽어라 공부했던 노력의 절대값은 교육대학교 입학이라는 결과를 만들었다. 20대에는 임용고시를 준비했으며, 초등교사가 된 이후로는 충실히 경력을 쌓았다. 20대에 쌓은 노력의 절대값은 35세, 지금의 월급이 되었다. 결국 현재 나의 몸값은 10대와 20대에 쌓은 가치의 총합라는 것을 알았다.

변명 거리가 사라졌다. 나는 과거에 쌓은 가치만큼 지금 보상을 받고 있을 뿐이었다. 나보다 적게 일하고 더 많이 버는 사람을 시기했지만, 사실 그들은 나보다 더 큰 가치를 세상에 제공해왔던 거다. 딱 내가 주는 가치만큼 돌아올 뿐이었다. 그들이 나보다 더 많은 연봉을 받는 건 세상에 나보다 더 많은 가치를 제공하고 있다는 말과 같았다. 책에는 그렇게 살아가는 사람이 너무나도 많았다.

마음이 앞섰다. 나도 그들처럼 부자가 되고 싶었다. '부자'라는 단어가 들어간 책만 보면 집어 들었다. 주식과 부동산 같은 재테크 서적도 열심히 읽었지만 몸값은 제자리, 오히려 섣부른 투자로 마이너스를 기록하기도 했다. 단순히 돈을 벌고 싶다 해서 돈을 벌 수 없음을 그때쯤 깨달았다. 다시 책을 펼쳤다. 남들이 만든 길이 아닌 내가 가고 싶은 길이 뭘까 스스로에게 물었다.

좋아하는 일로 불완전함을 채우다

결론은 '독서'였다. 돈에만 집착하는 사람에게 돈을 기꺼이 주고 싶어 하는 사람은 없었다. 부자들이 돈을 벌 수 있었던 건 돈을 밝혀서가 아니라 남들의 입장에 서서 생각할 줄 아는 사람들이었기 때문이었다. 나보다 더 남에게 예민한 사람이었고, 남의 이야기를 더 귀 기울여 듣는 사람이었기 때문이었다. 나의 도움을 기다리는 사람은 누구인지 생각했다. 내가 나눌 수 있는 가치는 독서였다.

불완전한 나를 채우고자 한 것들은 이 책 곳곳에 담겨 있다. 오디오북을 운영한 것도, '책읽는어른'이라는 브랜드를 만든 것도, 내가 좋아하는 독서를 통해 남들에게 가치를 줄 수 있다는 확신이 있었기 때문이다. 책도 읽고, 남에게 책을 권하고, 그 가치를 공유해나가는 일, 내겐 그것만큼 나의 불완전함을 채워주는 일이 없었다. 나의 부족함을 채우려던 독서가 이젠 타인의 삶을 조금 더 채워주는 길이 되어가고 있다.

'덕업일치'라고 부르기도 한다. 자신이 열성적으로 좋아하는 분야의 일을 직업으로 삼는 것. 꽤 용기가 필요한 행동이다. 세상 물정 모르는 청년의 꿈처럼 들릴 수도 있지만, 그래도 나는 좋아하는 일로 평생 살고 싶다는 마음을 꺾지 않는다.

> "20년 뒤 당신은 했던 일보다 하지 않았던 일 때문에 더 실망할 것이다. 그러니 밧줄을 풀고 안전한 항구를 떠나라. 탐험하라. 꿈꾸라. 발견하라"
>
> 마크 트웨인

두려울 때도 있다. 이렇게 실컷 떠들어놓고도 현실에 순응하는 내 모습이 그려질 때도 있다. 언제까지나 나는 나로서 존재할 뿐만 아니라 한 여자의 남편이기도 하고, 한 아이의 아빠이기도 하니까. 그러나 나를 더 두렵게 만드는 건, 50년 뒤의 내가 지금의 나에게 말을 건네는 장면이다. "왜 그랬어. 한 살이라도 어릴 때 하고 싶은 일 하고 살지. 어차피 한 번 사는 인생인데."

안전한 생활도 중요하다. 이처럼 글을 쓰고 책을 읽는 것도 누군가 나를 안전하게 지켜주고 있는 덕택이기도 하다. 당연하게 생각하지 않는다. 나도 그들에게 덕을 돌려주어야 한다. 책 읽는 것을 좋아하는 사람으로서 다른 사람이 책을 좋아하게끔 만들고, 독서가 그들의 일상이 되도록 도와주는 삶을 살아간다. 독서가 그들에게 또 하나의 안전한 생활이 될 수 있도록 도와준다. 그게 내 몫이라고 생각한다.

5

책을 읽지 않습니다.
나를 읽고 있습니다

책보다는 사람이 중요하다

천상천하유아독존. 하늘 아래 나는 단 하나뿐인 유일무이한 존재다. 나는 위대한 존재다. 요즘 들어 책을 너무 많이 읽었나. 하늘 높은 줄 모르고 건방져졌다. 나를 뛰어넘는 책은 이 세상에 없다. 워워, 조금만 진정하자. 순간 위대한 작가들의 이름이 스쳐간다. 한강, 김훈, 스티븐 킹…… 말해 뭐해. 그들은 나보다 뛰어나다. 오해를 풀어보자. 조금 전에 나를 뛰어넘을 수 없다고 말한 건 그들이 아니라 '책'이었다. 나는 또랑또랑한 눈을 가진 사람이지만, 책은 그저 종이 쪼가리일 뿐이다.

처음 독서를 시작했을 때는 책을 우상시했다. 책은 고귀한 존재며 절대적인 가치를 가지므로 함부로 다뤄선 안 된다고 믿었다. 독서가 나를 성장시킨다고 생각하기보다 위대한 존재를 가까이한다는 사실에 더 뿌듯함을 느꼈다. 책이 한 권 두 권 쌓이는 게 좋아 독서를 이어갔다. 책을 읽는 행동에 초점을 맞추다 보니 조금 더 유명한 책, 잘 팔리는 책을 찾아 읽었다. 나를 들여다보고 책을 고르는 게 아니라 책을 보고 책을 골랐다.

독서는 내가 하는데 정작 독서에 '나'는 없었다. 책이 나보다 중요했다. 배보다 배꼽이 커진 격이었다. 책을 읽는 건 나를 위한 행동이어야 하는데, 초점은 책에 있었다. 책을 몇 권 읽었느냐가 중요했고, 블로그에서 500권, 1,000권을 읽은 사람들을 보면 위압감을 느꼈다. 나도 모르게 비교하고, 혹시 내가 책을 너무 느리게 읽는 건 아닌가 싶어 속독법까지 기웃거렸다. 몸에도 건강검진이 필요하듯, 독서에도 중간 검진이 필요했다.

지난 4년 동안 250권 정도를 읽었다. 처음부터 방향을 정하고 읽지는 않았다. 책이 좋다니까 책이 좋아서 가볍게 읽기 시작했다. 읽는 양이 쌓이면서 베스트셀러가 아닌 다른 책에도 눈이 갔다. 유명한 책이 아니라 나에게 필요한 책을 찾기 시작했다. 그때 어렴풋이 깨달았다. 책보다 내가 더 중요할 수도 있겠다는 걸.

스승은 '나 자신'이어야 한다

책을 경계했다. 책을 좋아하지만 책이 내가 되어서는 안 됐다. 내가 책을 읽는 이유는 책을 위한 게 아니라 나를 위해서여야 했다. 무슨 책을 읽는지는 중요하지 않았다. 몇 권을 읽느냐도 크게 신경 쓰지 않았다. 중요한 건 책을 읽으며 나를 읽느냐였다. 작가의 말에 감탄하는 것으로 끝나는 게 아니라 책을 읽기 전과 후에 내가 어떻게 변하고 있는지가 중요했다.

그래서 나는 아직 고전을 읽지 않는다. 고전은 위대한 작품이지만 그보다 나의 존재가 더 우선이다. 사람이 있어서 고전이 존재하는 것이지, 고전이 있어서 사람이 존재하는 건 아니다. '고전'이라는 책을 읽었다는 뿌듯함을 얻기 위해 읽지 않는다.

아직 나는 고전을 접하기에 독서력이 부족하다. 당장 현실에 써먹을 수 있는 책을 읽기에도 일상이 꽉 차 있다. 이제 막 세발 자전거를 타기 시작한 아이에게 서둘러 사이클 대회 출전도 준비하라는 느낌이었다. 고전이 아닌 어떤 책이든 나를 한 뼘이라도 성장시켰으면 되는 것이고, 나는 책의 알짜배기만 쏙쏙 빼먹으면 그만이었다.

마음을 울리는 책을 만나면 그 책을 쓴 작가까지 좋아하는 경우가 생긴다. 나도 그렇다. 한근태 작가의 책을 읽다 보면 또 다른 책을 찾게 되고, 결국 그의 블로그까지 가서 글을 읽었다.

세스 고딘 작가도 마찬가지였다. '이 사람 책을 왜 이제 읽었을까?' 그렇게 나는 작가에게 낚인다. 작가의 책과 말 그리고 그들의 생각을 '옳다'고 믿는다. 다행히 보이스피싱은 피했지만, 책피싱(?)은 피해갈 수 없었다.

지난 달, 『시대예보』의 저자 송길영 작가의 북토크에 참석할 기회가 있었다. 평소 좋아하던 작가라 흥분되었다. 발표도 잘 못하는 내가 용기를 내어 질문까지 했다. "작가님과 같은 분과 동료가 되고 싶습니다. 함께 일할 수 있을 정도로 더 발전하려고요." 어떻게든 한번 만나볼 수 있을까 하는 속물이 드러나는 질문이었다. 송길영 작가는 흔들리지 않고 침착하게 답했다.

"스승의 뜻은 좋아하되 스승을 좋아하지는 마세요. 언제나 스승은 나 자신이 되어야 합니다." 이토록 차분하게 말을 할 수가 있을까. 그리고 이토록 잔잔한 말이 갑작스런 깨달음을 줄 수도 있구나 깨달았다. 줌 라이브로 진행된 북토크였던지라 흔들린 내 눈동자는 서른 명의 모니터 화면에 중계되었다. 강연이 끝나고 그의 말을 곰곰이 되짚어봤다. 책에 담긴 뜻은 좋아하되 작가는 좋아하지 마라.

책보다 나를 읽어야 하는 이유

　책을 좇으면 나를 잃는다. 100권 넘게 책을 출간한 유영만 교수는 유튜브 '지식인사이드'에서 이렇게 말했다. "세상에서 가장 위험한 사람이 누군지 아십니까? 책만 읽는 사람일까요, 책을 안 읽는 사람일까요? 제가 보기에 책을 안 읽는 사람은 위험할 건덕지가 없어요. 그런데 책만 읽는 사람 있죠. 그 사람은 남의 생각에 종속돼 있어요. 내 생각이 없는 거예요."

　책을 좇으면 왜 위험한지 단번에 이해할 수 있다. 예컨대 당신이 이 책을 읽으며 작가는 성실한 사람이라고 생각했다면 큰 오산이다. 내 딴에는 진정성을 담는다고 글을 쓰고 있지만, 나도 사람인지라 중간중간 나를 괜찮은 사람으로 포장했을 수도 있다.

> "책은 노예와 같다. 나의 의지에 복종해야 하며, 나를 위해 사용되어야 한다."
>
> 카를 마르크스

　책에는 나쁜 책도 있다. '나'보다 더 위에 있으려는 책이다. 그런 책은 이렇게 말한다. '나만 믿고 따라오세요. 다른 곳은 가지 말고, 여기에만 있어요.' 어디서 많이 듣던 말이다. 사람 사이에서도 똑같은 일이 벌어진다. 어떻게든 내 손안에 가둬두려는 술책. 자기 품 안에서 벗어나지 못하게 만드는 술수. 그들은, 그 책은 모두 '나'를 이용하려는 위험한 존재들이다.

좋은 책은 반대다. 책 속에 가두지 않는다. 자신의 책만 읽지 말고 더 많은 책을 읽으라고 권한다. 책만 읽지 말고 밖에 나가 현실에 부딪쳐보라고 말한다. 자신의 말이 틀릴 수도 있으니 더 지혜로운 사람을 찾아보라고 한다. 아! 한 가지 더 있다. 자신은 그렇게 성실한 사람은 아닐 수도 있다고 독자에게 털어놓는다. 음, 역시 급하게 포장하려고 들면 안 되나보다.

책보다 당신이 더 위대하다. 책보다 당신이 더 따뜻하다. 책을 읽으면서 작가들의 삶을 읽는 대신, 당신의 삶을 읽어나갔으면 한다.

6

이 자리를 빌려,
인생책 5권에게 감사함을 표합니다

베스트셀러 작가 시상식

무대에 오른다. 툭툭. 손으로 마이크를 몇 번 건드려보고는 떨리는 마음으로 말문을 연다. "먼저, 지금의 저를 있게 해주신 부모님께 감사의 말을 전합니다. 다음으로는 도서 크리에이터 이자 베스트셀러 작가를 만들어준 저의 은인을 소개하려고 합니다. 인생책 다섯 권입니다."

썼다 지웠다, 다시 고친다. 내가 시상식에 오를 만큼 대단한 일을 한 것도 아니고, 그런 내가 인생을 바꿔준 책을 소개한다고 하니 부담됐다. 한편으로는 어떤 책을 고를까 막막하기도 했다. 분명, 독서를 시작하면서 인생이 변한 건 맞는데, 과연 이 책 저 책이라고 콕 집어 말할 수 있을까?

고민이 가시지 않던 중에 단비와 같은 사자성어를 만났다. '돈오점수頓悟漸修'. 문득 깨달은 바를 점진적으로 수행해나간다는 뜻. 이보다 나의 독서 인생을 잘 대변하는 네 글자가 있을까 싶다. 책 한 권 읽었다고 손바닥 뒤집듯 인생이 바뀌지는 않았다. 처음 책을 읽었을 때는 단순히 글귀 하나에 감탄하고, 마음이 움직이는 데 그쳤다.

그러다 어느 순간, 책에서 얻은 것들은 곧 내가 되었다. 위대한 사람이 되었다고 착각할 만큼 자신감이 붙었고, 유튜버가 되어 수천 명 앞에서 말하는 사람이 되었으며, 교보문고 한 코너에 내 이름으로 된 책을 내놓았다. 하지만 그중 어느 한 권 때문이라고 딱 꼬집어 말할 순 없었다. 지금까지 읽었던 수많은 책들이 1그램씩 쌓여 지금의 나를 만들었다. 책 소개에 앞서 당신에게 이 말을 전하고 싶다.

"저는 독서로 인생을 바꾸고 있습니다. 하지만 사람마다 입맛이 다르듯 책을 읽는 입맛도 다를 겁니다. 제가 맛있게 읽었다고 해서 여러분에게도 꼭 소화가 잘 되리라는 보장은 없습니다. 가벼운 마음으로 들어주세요. 혹시나 서점에 갈 일이 있다면 이렇게 반겨주세요. '어! 작가 양반이 좋다고 한 책이잖아. 한번 구경해볼까?'"

1그램이 되어준 인생책 다섯 권

『아주 작은 습관의 힘』

IN, 1그램 메시지: 습관은 작게 만들어라.

OUT, 1그램 행동: 저녁 샤워 후 수건으로 물기를 닦으며 스쾃 15개 하기. 잠들기 전 베개 옆에 책 한 권 던져놓기.

TALK, 책 리뷰: 독서는 마음의 양식이기도 하지만, 행동의 양식이 될 수 있음을 처음 깨닫게 해준 책이다. 책만 보면 졸기 바빴던 내가 독서에 관한 책을 쓸 만큼 독서 마니아가 된 데에는 이 책의 영향이 크다. 자기계발서답지 않게 명령이 아닌 습관 형성 원리를 체계적으로 설명하는 책이다.

책의 핵심은 세 가지다. '아주 작게 시작한다. 신호가 보이도록 만든다, 일상생활과 묶는다'. 실제로 이 책의 집필에도 큰 영향을 받았다. 아직 읽지 않았다면 오히려 행운일지도 모른다. 읽는 순간, 현실이 달라진다. 당신은 아직 긁지 않은 복권임을 곧 깨닫게 될 거다.

TO, 추천하는 독자: '독서가 밥 먹여주냐'고 생각하는 분. 또는 가성비를 중요시하며 한 권으로 인생을 바꾸고 싶어 하는 분.

"거대한 사건은 모두 작은 시작에서 비롯된다. 습관이라는 씨앗 각각은 하나의 사소한 결정이다. 하지만 이런 결정이 반복되면 습관의 씨앗은 싹을 틔우고 튼튼하게 자라난다."

『레버리지』

IN, 1그램 메시지: 돈으로 시간을 사라.

OUT, 1그램 행동: 유튜브, 책 쓰기 유료 강의 수강. 매달 ChatGPT, VREW와 같은 AI 시스템 구독.

TALK, 책 리뷰: 나보다 더 나은 부분을 가진 타인을 인정하고, 그 능력을 적절히 활용해야 한다는 걸 깨닫게 해준 책이다. '레버리지'는 지렛대다. 굳이 맨손으로 병뚜껑을 따는 것보다 병따개를 쓰는 게 훨씬 효율적인 법이다. 삶도 마찬가지다. 남들이 몇 년간 쌓아온 노하우를 단돈 몇십만 원에 사서 시간을 단축할 수 있다면 안 쓸 이유가 없다.

물론 '돈으로 시간을 산다'는 개념은 쉽게 와닿으면서도 이성적으로는 받아들이기 어려울 수 있다. 하지만 생각해보자. 오일을 직접 교환할 줄 알아도 굳이 카센터를 찾는 이유는 시간과 에너지를 아끼려는 것이다. 마찬가지로, '내 시간'이야말로 가장 소중한 자원임을 일깨워준 책이다.

TO, 추천하는 독자: 뭐든 열심히 하는데 인생이 도통 바뀌지 않는다고 느끼는 분. 부자들은 일도 안 하고 쉽게 돈 번다고 불만인 분(바로 과거의 나).

"당신이 겪은 모든 문제와 고통을 먼저 경험하고, 해결하고, 더 높은 수준으로 성장한 사람에게 배워야 한다. 비용을 절약한다거나 스스로 부딪치면서 배우겠다며 모험을 떠나는 것은 어리석은 선택이다."

『트라이브즈』

IN, 1그램 메시지: 세상은 나와 같은 리더를 기다리고 있다.

OUT, 1그램 행동: 아무리 구독자가 적어도 유튜브, 블로그, 스레드 운영하기.

TALK, 책 리뷰: 2008년에 출간됐다. 진작 읽을 걸, 그때 뭐했을까. 인쇄된 지 15년 넘은 이 책이 요즘처럼 개인 브랜딩이 중요한 시대와 딱 맞아떨어질 줄 누가 알았을까. 소셜미디어가 발달한 시대에 '나'를 알리고 싶은 사람이라면 반드시 읽어봐야 한다. "아직 늦지 않았다"고 이 책은 말한다. 변화가 쉴 새 없이 몰아치는 지금, 개인이 해야 할 행동이 무엇인지 구체적으로 알려준다.

핵심은 '리더'가 되라는 것이다. 사람들은 어딘가에 소속되기를 원한다. 책 제목인 "Tribes"가 부족을 뜻하듯, 나와 결이 맞는 사람을 모으고 내 고유한 가치를 전하면 된다. 내가 유튜브 채널 '책읽는어른'의 영상을 꾸준히 올리는 이유 역시 '내 메시지를 기다리는 누군가가 분명 어딘가에는 있다'는 믿음 때문이다. 이 책이 준 용기는 지금도 당신이라는 나의 부족원을 늘리게 해주었다.

TO, 추천하는 독자: 유튜브와 블로그 등 1인 미디어를 운영하고 싶으나 용기가 안 나는 분. '나 같은 평범한 사람이 무슨 영향력을 줄 수 있을까?' 고민하는 분.

"시장은 당신을 필요로 한다."

『린치핀』

IN, 1그램의 메시지: 대체 불가능한 사람이 되어라.

OUT, 1그램의 행동: 회사 밖 역량 키우기(개인 SNS 브랜딩, 책 출간).

TALK, 책 리뷰: 『부의 추월차선』만큼이나 마음에 불꽃을 일으켰던 책이다. '더 이상 교육부에 소속된 교사라는 명함에 만족하지 말자. 나만의 영역을 개척해 누구도 대체할 수 없는 사람이 되자.' 그때 일었던 동기는 SNS 브랜딩을 가속화하는 계기가 되었다. '나는 어떤 사람이고, 나는 세상에 어떤 도움을 줄 수 있을까?' 계속해서 나만의 무늬를 생각하고 그려나갔다.

저자 세스 고딘은 말한다. "조직에서 톱니바퀴처럼 굴러가는 사람이 될 것인가, 아니면 대체 불가능한 존재linchpin가 될 것인가?" 물론 직장을 다니면서 얻는 이점도 충분히 많다. 누구나 직장을 벗어나 나만의 업을 만들어가야 하는 것도 아니다. 다만, 그 기준은 언제나 '나'에 있어야 한다. '내' 생각대로 판단하고, '내' 행동으로 인생을 꾸려나간다. 그리고 현재 나는 '나'의 기준대로 나만의 업을 찾아간다. 세스 고딘 덕분이다.

TO, 추천하는 독자: 오늘도 출근을 해내는 직장인들. 나의 잠재력을 발휘하지 못하고 있다고 느끼는 분.

"우리는 그저 그런 톱니바퀴가 아니다. 새로운 세상을 창조하는 예술가다."

『바보 빅터』

IN, 1그램의 메시지: 나는 위대한 사람이다.

OUT, 1그램의 행동: 자존감 경보 장치를 장착.

TALK, 책 리뷰: 한때 겸손하다고 칭찬받던 아이가 이렇게까지 건방진 어른이 된 건, 이 책도 한몫한다. 아마 고등학생 때 읽었던 것으로 기억한다. 내용은 흐릿해졌지만, 마음에 새겨진 감정은 선명하다. 어쩌면 내가 더 큰 존재가 될 수 있겠다는 느낌이었다.

중학생 권장도서일 만큼 두께도 얇고 내용도 비교적 쉽다. 그러나 책이 주는 메시지는 가볍지 않다. 지난번 동네 서점에서 우연히 보고 구매했다. 어릴 때 느꼈던 감동을 다시 한 번 느끼고 싶었다. 동시에 앞으로 커가는 딸아이에게도 아빠가 주지 못하는 무한한 긍정을 대신 이 책으로 전해주려고 한다. 1그램처럼 가볍지만, 가볍지 않은 여운을 오랫동안 남기는 책이다.

TO, 추천하는 독자: 모든 분.

> "잃어버린 17년. 그동안 숫자에 속았고, 무시하는 사람들에게 속았고, 세상에 속았다. 하지만 인생의 책임은 타인의 몫이 아니었다."

마이크를 내려놓고 무대에서 내려온다. 내심 뿌듯하다. 나의 은인을 소개하는 자리라니. 책을 읽고 책을 권하는 일이 정말 좋다. 앞으로도 나를 찾아주는 분들을 위해 읽고, 쓰려고 한다. 책에 감사하고, 당신에게도 진심으로 감사함을 표한다.

7

철들었습니다

이제 발견한 나의 씨앗

1호점은 강원도 고성이다. 꼭 고성이 아니어도 되지만, 바닷가를 낀 곳이면 좋겠다. 출입문을 열고 들어서면 짙은 갈색이 돋보이는 원목 벽재와 대형 책꽂이가 눈에 띈다. 판매원이 따로 없는 걸 보면 평범한 서점은 아닌가 보다. 차분하게 책을 읽는 사람들을 보니 책을 꽤나 좋아하는 분들이 찾아오는 곳이지 않을까 싶다. 바깥세상과 단절된 이곳, 안쪽 세상에서 모두들 책 냄새를 맡으며 쉬러 왔다. 이리저리 책을 둘러보다 문밖을 나선다. 가게 상호가 보인다. '책읽는어른'의 책식당.

저 친구 몇 년 동안 집에서 책만 읽었다고는 들었는데, 단단히 미쳤나보다. 평생 공무원으로 살던 사람이 무슨 바람이 들어서 사업을 꿈꾸고 있을까. 하고 싶은 일을 하기보다 현실에 맞는 일을 하라고 어른들이 언제나 말씀하셨거늘, 딸 둔 아빠가 이런 생각을 해도 되는 걸까.

틀린 말이 하나도 없다. 9년차 초등교사에 26개월차 아빠가 무슨 사업 타령인가. 사업은 아는 게 눈곱만큼도 없다. 당장 사업을 시작할 용기도, 직장을 그만둘 젊은 패기도 없다. 여전히 나는 월요일마다 출근하는 30대 직장인이고, 아내와 딸을 먹여 살려야 하는 가장이다. 현실과 이상은 다를 수밖에 없다는 것도, 다들 그렇게 현실에 적응하며 살아가는 것도 알고 있다.

그러나 한 번쯤은 생각해볼 만하다. 지금처럼 살아도 괜찮을지 말이다. '나라고 부자가 못 될 이유 있나, 아직 젊으니 도전은 해봐야지' 식의 말은 아니다. 시대의 기준이 아니라 나의 기준에 맞게 살아가고 있는지를 확인해봐야 한다. 우리도 이미 알고 있다. 끌려다니는 것보다 이끌어가는 삶이 더 즐겁다는 것을. 좋아하는 일을 하며 살아가는 인생이 행복하다는 것을. 인생은 나만의 의미를 찾아 가는 과정이라는 것을 말이다.

『어린왕자』『연금술사』『데미안』『갈매기의 꿈』…… 어릴 때 한 번쯤 읽었거나 들어봤을 법한 고전들이다. 당신은 이 작품들의 공통점이 무엇이라 생각하는가. 서로 다른 작가가 각기 다른 모습의 주인공을 이야기로 풀어냈지만, 멀리서 보면 하나의 굵은 줄기가 보인다. 모두 '나'를 찾아가는 여정이다.

나는 누구일까? 앞으로 어떻게 살아가야 할까? 누구도 내게 이런 고리타분한 질문을 던지지 않았다. 나에게 무관심했다기보다 "네 이름이 뭐야?"와 같이 너무 뻔한 질문이라 애초에 하지 않았던 것이다. 내가 누구긴 누구야, 어느 집의 아들이지. 내가 어떻게 살긴, 나는 초등교사로 65세까지 살겠지.

질문은 사치였다. 출근 준비도 바쁜데, 5년 뒤에 어디에서 살지도 모르는데 내가 누구냐니. 누군가 "당신은 어떤 사람이에요?"라고 묻는다면 뭐라고 대답할 것인가? 예전의 나였다면 직업이나 사는 곳, 또는 ISTP라고 MBTI를 말했을 것이다. '나'를 깊이 생각해본 적이 없었으니까.

나는 누구인가?

30대 중반, 드디어 철이 들었다. 잠시만, 철이 들었다고? 부모님이 그렇게 응원해주고 축하해줬던 공무원 일을 두고 자기 멋대로 살아가고 싶다는 사람이 무슨 철이 들어. 철부지가 되었다면 모를까. 당연한 반응이다. 그들은 여전히 '나'의 옛 모습만 보고 있으니까. 5년 전의 나도 현재의 나를 보면 똑같이 말했을 거다. "왜 그래? 정신차려!" 아니다. 나는 철들고 있다.

> "씨를 한문으로 싹 철씨이라고 하는데, 자신의 씨를 알아본
> 인간에게 '철들었다'라고 한다. 철든 인간은 자신이 어떤 씨
> 인지 알고, 그 씨에 물과 거름을 주어 자라게 한다. 콩을 심
> 으면 콩이 나듯, 그 씨는 곧 그 자신이 된다."
>
> 『그것은 교육이 아니다』 중에서

  나의 씨를 차츰 알아갔다. 나는 소심한 사람이 아니라 나대는 걸 좋아하는 내향적인 사람이었고, 나는 세상을 무서워하는 겁 많은 토끼가 아니라 세상에 발톱을 내보이고 남들을 도와주고 싶어 하는 맹수였다. 또한, 나는 독립심이 강한 사람이라 누군 가에게 끌려다니는 삶을 싫어했고, 책을 읽고 생각 나누는 것을 좋아하는 사람이라 앞으로 평생 그리 살 것을 다짐할 수 있었다.

  책은 그렇게 '나'를 예전의 나와 헤어지게 만들었다. 학창시절 괴롭힘을 당하며 들었던 말들, 무심코 사람들이 나에게 한계를 그었던 순간들, 사회가 씌어놓은 틀에서 벗어날 수 있었다. 이 제는 신경 쓰지 않는다. 그들이 나에게 결핍을 주었든 욕망을 주었든 결국 지금의 나를 만든 조각들이니까. 책은 그 조각을 쓰레기가 아닌 하나의 에너지가 되게끔 만들어주었다.

책은 다시 '나'로 돌아오게 했다. 부메랑처럼 예전의 나에서 멀리 나아간 것처럼 보였지만, 결국 본래의 나로 돌아오고 있다. 책을 좋아하는 나만의 씨를 키우기 위해 유튜브, 스레드, 블로그에 글을 쓴다. 지금 이 책도 그 씨를 존중하기 위해서다. 흘러가는 삶에 '나'를 맡겨두지 않고, 나의 의지로 '나'를 이끌어 가고 있다.

철든 어른을 응원한다

사실 철들지 못한 건 나만의 잘못은 아니다. 부모님 탓도, 사회 탓도 아니다. 지금까지 열심히 살아낸 것만으로도 부모님에게, 그리고 자신에게 고생한다고 응원을 보내야 한다. 10대는 공부하느라, 20대는 취업 준비하느라, 30대와 40대는 결혼, 이직, 육아까지 정신없이 시간을 보내야만 했고, 그래야만 살아남을 수 있었다. 나를 돌아볼 틈도, 내가 어떤 사람인지 생각할 기회도 없었다. 나의 씨를 발견할 시간조차 없었다.

"나는 돌 안에 이미 있는 다비드 상을 꺼냈을 뿐이다."

미켈란젤로

누구나 내면에 다비드 상이 있고, 될성부른 씨앗이 있고, 어린 왕자가 있다. 단지 아직 발견하지 못했을 뿐이다. 게을러서도, 부족해서도 아니다. 그저 나를 돌아볼 시간이 없었을 뿐이다.

독서는 우리에게 작은 틈을 준다. 잠시 나를 돌아볼 여유를 주고, 남들이 던진 말들이 나에게 해가 되지 않도록 거리를 준다. 현실이 버겁더라도 숨 쉴 수 있도록 틈을 만든다. 언제부터 인지 모르게 쌓여 나를 짓누르던 흙을 털어낼 힘을 준다. 깊숙이 덮여 있던 씨앗이 밖으로 나올 수 있도록, 스스로 뿌리를 내리고 단단히 설 수 있도록 도와준다. 그렇게 독서는 나의 씨를 아껴준다.

책 한 권, 한 페이지만 읽어도 당신의 '씨앗'은 싹을 틔운다. 철이 든다는 건 남에게 깍듯한 사람이 아니라 나에게 깍듯한 사람이 된다는 것이다. 그리고 머지않은 날에 '책읽는어른'의 책식당에 메모를 남겨주었으면 한다. 당신도 나도 철 많이 들었다고 말이다.

8

버거킹에서 만난 그 어머니에게
말하고 싶었습니다

아이도, 어른도 힘들다

두 달 전이었다. 금요일마다 외식을 하는지라 그날도 아내, 딸과 함께 버거킹에 갔다. 아내는 주문을 하고, 나와 아이는 한쪽 자리에 앉아 기다렸다. 주변을 훑어보는데, 칸막이로 둘러싸인 작은 공간에 한 아이가 보였다. 초등학교 2학년쯤 되어 보였다. 다음은 건너편에 앉아 있는 어머니가 보였다. 둘은 아무 말이 없었다. 아이는 가만히 자리에 앉아 있었고, 어머니는 스마트폰을 보고 있었다. 나의 시선은 계속 그곳으로 갔다.

직업병이었다. 동네 마트를 가도, 길을 걸어도 내 시야에는 항상 아이들이 들어온다. 교실에서 매일 마주하는 고객들이니까 그런가 보다. 서너 명의 아이들이 횡단보도에서 신호를 기다린다. 모두 앞만 보고 선 채 고개를 숙이고 스마트폰을 보고 있다. '요즘 애들은……'이라는 말이 떠오르기 전에 다른 생각이 먼저 든다. '저 친구들에게 스마트폰 말고 낙이 있을까? 오죽하면 저럴까?'

아침 아홉 시, 아이들이 집을 나선다. 가방 하나 메고 학교와 학원을 오가다 보면 저녁 여섯 시, 일곱 시가 된다. 이제야 가방을 내려놓고 쉬고 싶겠지만, 어른들 눈치가 보인다. 내일까지 해야 할 숙제도 있다. 씻고 이래저래 하다 보면 어느덧 잘 시간. 어른들이야 맥주 한잔하면서 노고라도 풀지, 아이들은 무엇으로 풀까. 스마트폰이라도 봐야 하지 않을까.

5학년 교실에서 아이들에게 물어본다. "너희는 어른이 빨리 되고 싶어?" 말 끝나기 무섭게 바로 소리친다. "아니요!" 이유는 이렇다. "어른 되면 직장 다녀야 하잖아요. 일하기 싫어요." 아이들은 생각보다 현명하다. 우리를 정확하게 파악하고 있다. 일요일 밤, 출근 생각에 한숨 쉬는 소리를 듣는다. 퇴근하면 만신창이가 돼서 돌아온 어른들의 모습을 본다. 아이들에게 어른은 그런 존재였다.

버거킹에서 본 어머니도 지쳐 있었다. 금요일 저녁, 햄버거를 시키고 잠시 스마트폰을 보며 피로를 풀고 있었다. 그분도 알고 있었을 것이다. 학교에서 있었던 일을 딸에게 물어보며 귀 기울여주는 엄마가 따뜻한 엄마라는 것을. 스마트폰보다 책을 보는 모습이 더 좋은 모습이라는 것을. 누구는 아이와 도란도란 이야기를 나누고 싶지 않아서 그랬을까. 우리는 충분히 힘들다.

가볍게 책을 권한다

우리에게, 어른에게 권하고 싶었다. 가볍게 책을 읽기를, 가볍게 책을 가지고 다니기를. 이 책의 독자는 버거킹에서 본 그 어머니였다. 말을 건네지는 않았지만, 이런저런 책 이야기를 가볍게 나누고 싶었다. 이렇게 말이다.

"어머님, 가방에 책 한 권 넣고 다니면 생각보다 괜찮아요. 한두 문장만 읽어도 내심 뿌듯하거든요. 딸에게 멋진 모습도 보여줄 수 있고요. 꼭 독서로 인생을 바꿀 필요 없어요. 꼭 공부처럼 열심히 할 필요도 없어요. 한 페이지, 두 페이지, 그리고 한 권, 두 권. 그렇게 쌓이다 보면 어느 순간 독서는 어머님 일상에서 떼려야 뗄 수 없는 존재가 될 거예요. 그것만으로도 꽤 괜찮은 하루 아닐까요?"

돌이켜보면, 9년 동안 교사로 근무하면서 가장 뿌듯했던 날은 이런 순간들이었다. "선생님, 책 조금만 더 읽으면 안돼요? 교과서는 다음 시간에 하고요.", "엄마가 선생님 좋은 분이래요. 요즘에는 책 읽어주는 사람이 별로 없어서 고맙대요." 교직 생활에서 들었던 어떤 말들보다, 어떤 상보다 값졌다. 그저 책을 읽어줬을 뿐인데, 그저 권했을 뿐인데 그런 나에게 사람들은 따뜻한 말을 건네준다. 고맙다고. 이보다 값진 인생이 있을까.

당신에게도 책을 읽는 삶, 책을 권하는 삶을 제안한다. 세상을 조금 더 따뜻하게 바라볼 수 있다. 세상이 나를 더 따뜻하게 안아주기 시작한다. 당신이 지나가는 곳곳에 좋은 향기가 남는다. 엘리베이터에서 마주친 아이에게 책을 든 어른의 모습으로, 북적이는 카페에서 홀로 책을 읽고 있는 독서가의 모습으로, 우리는 책이 꽤 괜찮은 물건이라는 여운을 준다.

'나'를 찾는 시간이 되었기를

내가 언제부터 이런 따뜻한 마음을 가지게 되었을까. 오해하지 말자. 예전 나의 기준에서 따뜻하다는 거지, 여전히 차가운 사람이다. 책을 읽고, 글을 쓰고, 독서 콘텐츠를 만들면서 나는 조금 더 따뜻한 사람이 되었다. 여전히 부자가 되고 싶은 속내는 사라지지 않았지만, 그 시꺼면 곳에 빨려 들어가지 않는다.

돈을 벌고자 하는 욕망에 사로잡히면 나를 잃고 남도 잃는다는 것을 책이 늘 말해주었다.

> "좋은 책을 읽거들랑 내게 들어온 가장 좋은 것들을 세상에 풀어놓는다는 보시의 마음으로, 글로 써서 널리 나누시길 바랍니다."
>
> 『은유의 글쓰기 상담소』 중에서

지금까지 당신에게 좋은 이야기를 풀어놓은 건지 모르겠다. 따뜻한 말을 얼마나 건넸을지도 가늠이 안 간다. 그래도 한 명에게는 확실히 좋은 이야기들을 풀어놓았다. 다름 아닌 바로 '나'다. 어두운 곳에 방치했던 나의 모습들에 빛을 비추었다. 학창시절의 이야기, 성공에 대한 욕망. 그 또한 나의 일부였다. 글을 쓰면서 있는 그대로의 나를 더 존중했다.

책은 그런 존재같다. 나와 내가 마주보게 만드는 존재. 소설을 읽든 자기계발서를 읽든, 아니면 어린이 동화책을 읽든 결국 독서는 나와 끊임없이 이야기를 나누는 과정이다. 내가 어떤 인생을 살아왔든, 지금 얼마큼의 역량을 가졌든지 책은 상관하지 않는다. 오로지 진짜 '나'를 드러나게 한다.

무리한 부탁이지만, 나의 책이 당신에게 그런 존재가 되었기를 바란다. 고개를 끄덕이면서 공감했던 문장이나 절레절레 흔들며 부담스러웠던 문장이나 다 잊어도 좋다. 당신과 당신이 마주보며 이야기를 나누었던 시간이 되었기를 바라고, 이 책이 그런 따뜻한 공간을 만들어주었기를 바란다. 이제 이 책은 내려놓고 더 좋은 책을 만나러 떠나기를 바란다.

1그램 독서법

1판 1쇄 찍음   2025년 4월 17일
1판 1쇄 펴냄   2025년 4월 24일

지은이   박세영
펴낸이   조윤규
편집   민기범
디자인   홍민지

펴낸곳   (주)프롬북스
등록   제313-2007-000021호
주소   (07788) 서울특별시 강서구 마곡서로 152, 두산더랜드타워 상가 A동 320호
전화   영업부 / 기획편집부 02-3661-7283 | 팩스 02-6455-7286
이메일   frombooks7@naver.com

ISBN   979-11-94550-04-4 (03190)